Pierre Stutz | Deine Küsse verzaubern mich

Pierre Stutz |

Deine Küsse verzaubern mich

Lust und Leidenschaft
als spirituelle Quellen

Kösel

Verlagsgruppe Random House FSC-DEU-0100
Das für dieses Buch verwendete FSC®-zertifizierte Papier
Munken Premium Cream liefert Arctic Paper Munkedals AB, Schweden.

Copyright © 2012 Kösel-Verlag, München,
in der Verlagsgruppe Random House GmbH
Illustrationen im Innenteil: Wolfgang Pfau, Baldham
(Gebärden), Oliver Weiss, oweiss.com (Tuschezeichnungen)
Umschlag: fuchs_design, München
Umschlagmotiv: plainpicture/Mira © Chad Ehlers
Druck und Bindung: GGP Media GmbH, Pößneck
Printed in Germany
ISBN 978-3-466-37055-9

Weitere Informationen zu diesem Buch und unserem
gesamten lieferbaren Programm finden Sie unter
www.koesel.de

Inhalt

.

Einstimmung

In deinen Küssen
verdichtet sich
die Berührung unserer Seelen
unsere Ängste werden aufgeweicht
unsere Liebenskraft beginnt zu fließen

Deine Schönheit erleuchtet
meinen Pfad der Verlorenheit
deine Augen-Blicke bestärken mich
zum Vertrauen im Nichtvertrauen

Deine Umarmung lässt mich
endlich sein
lustvoll bin ich aufgehoben
sprachlos bin ich voller Worte
Geheimnis bleibt unsere Liebe

Dein Geschenk der Zärtlichkeit
erzählt vom Urgrund aller Liebe

... heißt eines meiner Liebesgedichte. Es verdichtet meine große Sehnsucht, Sexualität und Spiritualität miteinander versöhnen zu können. »Das Religiöse und das Geschlechtliche sind die beiden stärksten Lebensmächte. Wer sie für ursprüngliche Widersacher hält, lehrt die ewige Zwiespältigkeit der Seele. Wer sie zu unversöhnlichen Feinden macht, zerreißt das menschliche Herz. Und es ist zerrissen worden!«[1], schreibt Walter Schubart 1941 als Dozent für Philosophie in Riga in seinem höchst aktuellen Buch »Religion und Eros«. Ich wiederhole mir seine Worte immer wieder, weil auch ich zu jenen Menschen gehöre, deren Herz zu lange zerrissen worden ist.

Mit 20 Jahren habe ich einen klösterlich-zölibatären Lebensweg gewagt. Diese Wahl war geprägt von meiner leidenschaftlichen Gottessuche und meiner verrückten Hoffnung, dass unsere Welt gerechter und zärtlicher werden kann. Zentrale Grundhaltungen, die für mich immer noch wesentlich sind. Die Entscheidung war gleichzeitig aber auch eine Flucht vor der Integration meiner sexuellen Orientierung. Dieses Verdrängen war mir meistens nicht bewusst. Es war geprägt von einer katholischen Sozialisation, die die Liebe eines Mannes zu einem anderen Mann, einer Frau zu einer anderen Frau streng verbietet. Eine lebensbehindernde Diskriminierung, die leider auch in vielen anderen Religionen anzutreffen ist. Sie ist ein Verrat am Geschenk der Liebe Gottes, das viele Melodien kennt. Genauso wie die Leibfeindlichkeit, die biblisch nicht begründbar ist und sogar vielen Ehepaaren verbot, die Zeugung von Kindern lustvoll zu erfahren. Obwohl sich erfreulicherweise viel geändert hat, bleibt ganz unbewusst bis heute bei vielen eine Trennung zwischen Sexualität und Spiritualität bestehen.

Liebend dir begegnen
einfühlsam
sinnlich
konfliktfähig
lachend
weinend

Voll staunender Dankbarkeit
unsere Liebe als Geschenk
des Himmels feiern

Zum Glück ist die Liebe stärker als alle einengenden Lebensvorstellungen! Seit neun Jahren erfahre ich mit meinem Lebenspartner ein Aufgehobensein in der Liebe, in dem sich auch die Liebe Gottes wunderbar-geheimnisvoll ereignet. Dieses Staunen verpflichtet mich zu einer erotischen Spiritualität, in der auch die Sexualität als Quelle der Spiritualität (Wunibald Müller) entdeckt wird.

Es gehört zu unserem Lebensauftrag, die göttliche Spur in allen Lebensvollzügen freizulegen, auch in einer geglückten Integration des Erotischen in unseren Beziehungen und in unserem Glauben. In diesem Buch will ich aufzeigen, dass sich intensivste Erfahrungen der Nähe Gottes auch im lustvoll-zärtlichen Gestalten der Sexualität ereignen, indem der Eros entgiftet wird. Theresia Heimerl (*1971), Professorin für Religionswissenschaften in Graz, schreibt: »Das Christentum hat die Vergiftung des Eros oft mehr betont als seine positive, Genuss vermittelnde, ja erlösende Dimension. Christliche Theologie hat das Spannungsverhältnis von Körperlichkeit, Eros und Religion in aller Schärfe erkannt und versucht, Auswege zu bieten, welche zulasten der Verbindung von Eros und Körperlichkeit gegangen sind. Christliche Theologie hat sich vielleicht auch zu wenig mit der Ambivalenz des Eros reflexiv auseinandergesetzt und ist den scheinbar einfacheren Weg der Normierung und des Verbots gegangen.«[2] Das biblische Hohelied, die zärtliche Lebensfreude Jesu, die mystische Tradition und der interreligiöse Dialog inspirieren mich zu einer lebensbejahenden Spiritualität, die allen Menschen verheißen ist, in welcher Lebensform sie auch leben. Eine bejahende Annahme der sexuellen Lebenskraft ist allen Menschen aufgetragen, ob sie nun Single sind oder in einer Beziehung leben, wie folgende humorvolle Anekdote zeigt: Ein Mönch teilt seinem Beichtvater mit, dass er nun genug habe von seinen sexuellen Fantasien und er sich heute entscheide, diese störende Wirklichkeit endgültig auf Eis zu legen. Sein weiser Begleiter lächelt mit den Worten: »Wie schön, dann bleibt Ihr Lebensthema frisch!«

Diese Frische möchte ich mit meinem Plädoyer für eine erotische Spiritualität entfalten. Mit Meditationstexten, die die unsägliche Konkurrenz zwischen Gott und Mensch aufheben. In diesen Gedichten verdichtet sich mein eigener Weg und wie immer vertiefe ich in meinem Schreiben die vielen Begegnungen mit Frauen und Männern, mit denen ich in meiner zwanzigjährigen Tätigkeit als spiritueller Begleiter zu diesem existenziellen Thema im Gespräch bin.

Mit konkreten spirituellen Ritualen möchte ich Paare ermutigen, ihre Sexualität in einer größeren göttlichen Dimension zu erahnen und zu feiern. Jede Liebesbeziehung ist ein großes Glück und eine lebenslange Herausforderung, in der sich Nähe und Distanz, Verbundenheit und Verschiedenheit, Lachen und Weinen, Lebenskraft und Zweifel einen weiten Entfaltungsraum suchen. In dieser Spannung, im Auf und Ab unseres Lebens spiegelt sich unsere tiefe Sehnsucht, auch in der Liebe zweier Menschen Gottes schöpferische Zärtlichkeit zu erfahren.

Komm mir ganz nahe
berühre mich mit deiner Haut
zeige mir deine Verletzlichkeit
steigere mit mir deine Lust

Lasse mich ganz fest
eröffne mir einen Freiraum
schenk mir Zeit zum Nachspüren
bleib mir verbunden im Gehen

Geben wir uns ganz hin
die Kraft der Liebe
lockt uns zur Ekstase
die Erde und Himmel verbindet

Lassen wir uns gehen
tauchen wir ein in die göttliche Dimension
die Liebenden unerwartet geschenkt wird
in ihrer Hingabe ans Leben

Ankommen in der Zeitlosigkeit
die unsere Seelen aufatmen lässt
die unsere Liebe weiterfließen lässt
mitten hinein in die Not der Welt

Komm
bleib
geh

Selbstliebe als Tor zur Liebe
Zu sich finden – gegenwärtig sein

Im Einklang mit mir selbst sein
atemberaubendes Staunen
schmerzvolle Zerbrochenheit
beglückende Begegnung
unerklärliches Aufgehobensein

Im Einklang mit mir selbst sein
Kontrollmechanismen aufweichen
sich dem Liebesfluss anvertrauen
Raum und Zeit nicht mehr wahrnehmen
innerstes Ergriffensein erfahren

Im Einklang mit mir selbst sein
mein wahres Gesicht erkennen lassen
Konflikte nicht mehr länger verschweigen
schmerzvoll meine Grenzen ausdrücken
befreit zum authentischen Dasein

Im Einklang mit mir selbst sein
Deine Schönheit feiern
als ansteckende Lebenskraft
die in unserem Innersten
immer schon auf uns wartet

»Lass mich bei dir sein, so nah bei dir sein, dass dein Atem meiner wird ...«, heißt es in einem wunderbaren Chanson von Hildegard Knef aus dem Jahr 1967. Erfrischende Nähe wird möglich, wenn wir das Geschenk unseres Lebens, unseren Atem, wirklich fließen lassen.

In unserer kurzatmigen Zeit können Liebende einander unterstützen, die kostbare Gabe des Atmens miteinander bewusst zu pflegen. Das Fördern eines tiefen, gesunden Atemflusses ist ein Ausdruck der Selbstachtung, der eine Brücke zur Selbstliebe ist. Die Liebe zu sich selbst ist grundlegend, um wirklich lieben zu können. »Die Bejahung des eigenen Lebens, des eigenen Glücks und Wachstums und der eigenen Freiheit ist in der Liebesfähigkeit eines jeden verwurzelt, das heißt in seiner Fürsorge, seiner Achtung, seinem Verantwortungsgefühl und seiner ›Erkenntnis‹. Wenn ein Mensch fähig ist, produktiv zu lieben, dann liebt er auch sich selbst; wenn er *nur* andere lieben kann, dann kann er überhaupt nicht lieben«[3], schreibt der Psychologe Erich Fromm in seinem Klassiker »Die Kunst des Liebens«. Die Kunst, auch sich selbst zu lieben, darf nicht mit Egoismus oder Narzissmus verwechselt werden. Zu sich selbst »gut« zu sein, ist kein Sonntagsspaziergang, sondern eine lebenslange Aufgabe. Der lange Weg zur Selbstliebe beginnt auch mit einer Reise zur eigenen Leiblichkeit und Geschlechtlichkeit. Die Anfreundung mit seinem eigenen Körper und Aussehen darf nicht unterschätzt werden. Sie kann einer langen Persönlichkeitsarbeit bedürfen. Sie ist grundlegend für eine erfüllte Sexualität. Die nicaraguanische Lyrikerin Gioconda Belli (*1948) beschreibt dies in ihrer »Kleinen Schule der Erotik«:

> *»Einen Körper bereisen in der Länge und Breite*
> *heißt die Welt umsegeln …*
> *Es ist nicht leicht – aber lustvoll –*
> *Denk nicht es könnte an einem Tag gelingen*
> *oder in der Nacht ausgebreiteter Laken …*
> *Ein Körper ist eine Himmelskarte*
> *verschlüsselter Zeichen.«*[4]

Deshalb braucht es die Einsicht, auch im spielerischen Gestalten unserer Sexualität die Gabe des Präsent-Seins und des Ankommens einzuüben. Heute ist sie wichtiger denn je! Sie führt uns zur Lebensaufgabe der Selbstliebe, die schon im alten Griechenland mit der Selbsterkenntnis in Verbindung gebracht wurde. In der Mitte des 5. Jahrhunderts v.Chr. findet sich an einer Säule der Vorhalle im Tempel des griechischen Gottes Apollo in Delphi die Inschrift »Erkenne dich selbst ...«. Diese Lebensweisheit betonen auch Mystikerinnen und Mystiker, weil sie erfahren haben, dass der Zugang zum Göttlichen sich uns auch in der Nähe zum eigenen Selbst eröffnet. Wie ein Refrain wird die Wichtigkeit der Selbsterkenntnis als Weg zur Selbstliebe in der mystischen Spur entfaltet. Ich gehöre auch zu jenen Menschen, die zu lange gemeint haben, dass es im Leben vor allem wichtig sei, andere zu lieben und für andere da zu sein. Vom Liebesappell Jesu »Liebe deinen Nächsten wie dich selbst« habe ich bis zu meinem 38. Lebensjahr nur den ersten Teil gehört. Diese Einseitigkeit hat mich krank gemacht. Wie einen Regen nach einer langen Dürre empfand ich in meinem Burn-out den Zuspruch von Meister Eckhart (1260–1328): »Richte dein Augenmerk auf dich selbst und wo du dich findest, da lasse dich ...« Echte Selbstliebe kreist nicht um sich selbst, sondern beginnt mit dem staunenden Entdecken und Entfalten seiner Gaben. Echte Selbstannahme verwirklicht sich im Integrieren der eigenen Schattenseiten. Helles und Dunkles gehören immer zu diesem Weg. In einer paradoxen Ausdrucksweise betont der Mystiker aus Erfurt, dass es zuerst wichtig ist, sich zu spüren, um wahrnehmen zu können, wie es mir heute geht und was ich brauche, um mich auf andere einlassen zu können. Dies gelingt uns natürlich immer nur bruchstückhaft und das ist gut so! Echte Hingabe wird auch in ihrer erotischen Dimension möglich, wenn ich zuerst mich selbst und meine Bedürfnisse wahrnehme und lerne sie auszudrücken, um immer auch zu entdecken, dass ich mehr bin als meine Wünsche und meine Blockierungen.

Die temperamentvolle spanische Mystikerin Teresa von Avila (1515–1582) ist mir zur Wegbegleiterin geworden, weil sie mich ermutigt, authentisch zu werden. Sie verdichtet ihren inneren Weg mit der Einsicht, dass »Gotteserkenntnis ohne Selbsterkenntnis nicht möglich ist«.

Unermüdlich erzählen mystische Menschen vom Geschenk der Liebe, das sich uns auch durch die Liebe zu uns selbst eröffnet. Der ehemalige UNO-Generalsekretär Dag Hammarskjöld (1905–1961) schreibt in seinen atemberaubenden Tagebucheinträgen, die man nach seinem Tod auf seinem Nachttisch gefunden hat: »Was du wagen musst – du selbst zu sein.« Ich kann solche Worte nicht oft genug hören. Ich brauche die Ermutigung von anderen zur Selbstannahme, obwohl mir gerade durch die Mystik bewusst geworden ist, dass es wichtig ist, mir dies auch selbst sagen zu können. Ein Bewusstseinswandel hat sich in mir ereignet, in dem ich versuche, die Selbst-, Nächsten- und Gottesliebe nicht mehr gegeneinander auszuspielen, sondern sie als wunderbaren Dreiklang zu sehen. Wenn mir dies gelingt, dann kann ich leise erahnen, was der jüdische Religionsphilosoph Martin Buber (1878–1965) mit einer dialogischen Lebensgestaltung gemeint hat: »Alles wirkliche Leben ist Begegnung.« Vertrauensvolle Begegnungen werden möglich, wenn Menschen versuchen in Einklang mit sich selbst zu sein, wenn sie zu ihren Talenten und Grenzen stehen. Diese Hoffnung inspiriert auch meine Gedichte.

Zaghaft sind deine Schritte
deine Schönheit leuchtet ins Jetzt

Du
trittst ein in mein Leben
brichst es auf
lässt mich erahnen
wie ich einfach sein darf

Du
lässt mich erwachen
zum Geheimnis der Liebe
meine Angst verwandelt sich
in Momente der Leichtigkeit

Wer bist du?

Eine Nähe entfaltet sich
die mein Bedürfnis nach Kontrolle aufweicht
eine Sehnsucht entwickelt sich
aus der Enge der Absicherung

Unscheinbar bewegst du dich auf mich zu
unerwartet durchbrichst du meine Zweifel
unsere Augen-Blicke berühren uns zum Aufatmen
erwecken uns zu einer zärtlichen Lebendigkeit

Ich suche in unseren Begegnungen
die Kraft des Ewigen
wir finden uns
im Ankommen im Jetzt

Finden – lassen

Jede gesunde Beziehung lebt vom Wechselspiel der Nähe und der Distanz. Das schreibt sich leicht, bleibt jedoch ein Leben lang eine große Herausforderung. Damit auch in einem partnerschaftlichen Unterwegssein Wachsen und Reifen möglich wird, braucht es die bleibende Spannung des Mitschwingens, der Zustimmung und der Unterscheidung, der Eigenständigkeit. Sich und einander suchen, sich finden und sich wieder lassen, verwirklicht sich im alltäglichen Entfalten der Achtsamkeit. Die Mystikerin Edith Stein (1891–1942) schreibt: »Wer sich selbst nicht ganz in der Hand hat, der kann nicht wahrhaft frei verfügen, sondern lässt sich bestimmen.« Ich sehe darin die Gratwanderung, dass ich in der Bindung frei bleibe, dass ich mir selbst treu bleibe, mich nicht aufgebe.

Auch gegenseitige Treue wächst und reift in einer Kultur der Achtsamkeit, die Menschen mitten im Alltag, im Auf und Ab des Lebens miteinander einüben können. Achtsamkeit ist wie alle Grundwerte nie zu haben, sondern gelingt mehr oder weniger, je nach der momentanen Befindlichkeit. Wir können sie miteinander einüben, ohne dadurch die lustvolle Spontaneität einzugrenzen. Die spielerische Kraft der sexuellen Anziehung kann uns überwältigen und sie kann Ängste verwandeln, zum Glück! Wenn zwei Menschen sich ganzheitlich, gerade auch seelisch begegnen möchten, dann braucht es neben der spontanen Begegnung auch das tägliche Einüben des Gegenwärtigseins. Einfach da sein, präsent sein, einfühlsam sein sind Grundwerte einer Begegnung, auch im spielerischen Genießen der Sexualität. Durch die Fülle der Bilder und Informationen, die uns täglich zugemutet wird, sind wir oft wohl körperlich da, doch unser Geist, unsere Seele ist längst noch nicht angekommen. Sie braucht eine Zeit der Vertiefung, damit Vertrautheit, Langsamkeit und Intimität wachsen können. Sich miteinander zu sammeln, sich miteinander zu entspannen, sind wichtige Aspekte, damit wir das himmlische Geschenk der Sexualität noch mehr auskosten können.

Mich finden lassen
von deinem Entgegenkommen
von deinem Vorbeigehen
von deinem Stillstand

Dich finden
deinen Blick zärtlich aushalten
deine Stimme nachklingen lassen
deine Haut einatmen

Uns aufsuchen
mitten in unserem Ergriffensein
mitten in unserer Verlorenheit
mitten in unserer Zerbrechlichkeit

Uns lassen
befreit zur Unvollkommenheit
erlöst zur Verschiedenheit
bestärkt zum Mitgefühl

Sexualität stiftet auch Identität

»Die Sexualität ist eine Idee Gottes«, schreibt Wolfgang Bartholomäus (1934–2008), Professor für Religionspädagogik in Tübingen.
Er sieht Sexualität als Lust an der Begegnung, in der wir die
»Sprache der Liebe« erlernen können. Er spricht von einem vier-
fachen Sinngehalt der Sexualität:

- Identitätsaspekt: Gewährung und Entgegennahme von Selbstbestätigung
- Beziehungsaspekt: Gewährung und Annahme von Gemeinschaft und Nähe
- Lustaspekt: In der Erfahrung von Lust Ekstase zu eigenem Leben
- Fruchtbarkeitsaspekt: In lebensschöpferischer Fruchtbarkeit Ekstase zu neuem Leben[5]

Ich bin Wolfgang Bartholomäus dankbar, dass er den Identitätsaspekt besonders hervorhebt. Er wurde zu lange kaum thematisiert, so als bräuchte die Selbstliebe keinen Reifungsweg. Der Theologe und Psychotherapeut Peter Schellenbaum (*1939) beschreibt die Selbsterkenntnis als »Selbstliebe, liebende Verbindung mit sich selbst, auch mit solchen Aspekten der Persönlichkeit, die nicht so toll sind. Und Selbstliebe ist die Voraussetzung dafür, dass eine Öffnung des Herzens nach außen stattfinden kann«[6]. Diese Spur findet sich bei der 2011 erschienenen christlichen Sexualpädagogik von Stephan Leimgruber (*1948), Professor für Religionspädagogik in München, der von fünf Sinndimensionen menschlicher Sexualität spricht: Identität, Kommunikation, Lebensfreude, Fruchtbarkeit und Transzendenzoffenheit, damit Geschlechtlichkeit zum Ort der Gottesbegegnung wird.[7]

In diesen fünf Dimensionen ist die Liebe das zentrale und einende Motiv. Sich selbst mit einem liebenden Blick zu begegnen, um die Partnerin, den Partner in der Tiefe wahrnehmen zu können, ist ein lebenslanger Liebesweg, mit all seinem Licht und Schatten. Transzendenzoffenheit verstehe ich als Grundhaltung, sich daran zu erinnern, dass wir mehr sind als unsere Gedanken, unsere Gefühle, unsere Arbeit, unser Begehren, weil in uns ein heiliger, göttlicher Ort der Liebe ist, der uns von innen her bestärkt, liebend unterwegs zu sein. Darum darf die Entdeckung und Annahme der eigenen Sexualität nicht eingeengt werden auf ein egozentrisches Kreisen um sich selbst. Die große Pionierin der themenzentrierten Interaktion Ruth Cohn (1912–2010) hat schon in einem Aufsatz aus dem Jahr 1950 unter dem Titel

»Onanie und Liebe« in diese differenzierte Weite geführt. Sie schreibt: »Masturbation kann als etwas erfahren werden, was nach Erfüllung mit einem wirklichen Partner strebt. Emotional käme dabei Folgendes zum Ausdruck: Während ich die Sehnsucht und Leidenschaft meines Körpers spüre, bin ich sicher, dass es die/der Geliebte ist, nach der/dem ich mich sehne; und die Macht meiner Fantasien kann vielleicht meine Sehnsucht in das Glück einer Umarmung verwandeln. Wir müssen zur Kenntnis nehmen, dass es asozialen Geschlechtsverkehr und soziale Masturbation gibt. Die emotionale Ausrichtung eines Menschen entscheidet also über seine sexuelle Anpassung und seine Liebesfähigkeit – nicht die Richtung, in die er seine Hände bewegt, oder die Lebhaftigkeit seiner Fantasie.«[8] Eine befreiende Einsicht, die uns zur Lust am Geheimnis des eigenen Körpers führt, wie dies Thomas Seiterich (*1955), Theologe und Redakteur bei Publik-Forum, benennt: »Die Humanwissenschaften stimmen in der Erkenntnis überein, dass man seinen Nächsten, seine Partnerin oder seinen Partner, nur dann lieben kann, wenn man sich selbst liebt. Die unmittelbarste, unverstellteste Ausdrucksweise des ›Mich-selbst-Mögens‹ ist die Lust am eigenen Körper. Sie beeinträchtigt nicht die Beziehungsfähigkeit zum unmittelbaren Nächsten, sie ist nichts Sündhaftes, nichts Schmutziges, kein ›Durchgangsstadium‹. Lustvolle Selbstbefriedigung ist eine im Laufe des Lebens immer einmal wiederkehrende ›Voraussetzung‹ für Freude, Lust, Spaß und Befriedigung mit der geliebten Partnerin oder dem geliebten Partner.«[9]

Befreiende Selbstwerdung braucht auch Ansehen und Anerkennung von anderen. Sie darf nicht nur abhängig sein von anderen, weil es jedem Menschen aufgetragen ist, auch sich selbst Ansehen und Anerkennung zu schenken; wohl ahnend, dass die tiefste Anerkennung uns immer schon als Segen Gottes bewohnt. Erich Fromm schreibt: »Unreife Liebe sagt: Ich liebe dich, weil ich dich brauche. Reife Liebe sagt: Ich brauche dich, weil ich dich liebe.«[10] Ich ergänze diesen wichtigen Gedanken durch die entlastende Einsicht, dass eine lebendige Liebe immer wieder neu Zeiten der Reife und Unreife kennt.

Du
nimmst mich wahr
schaust mich an
anerkennst mein Dasein

Du
hörst mir zu
eröffnest mir einen Raum
der mir neue Worte schenkt

Du
spiegelst meine Härte
legst meine unangenehmen Seiten frei
lockst mir ein Lachen hervor

Du
berührst meine Wangen
durchbrichst meine Verkrampfung
lässt mich endlich aufatmen

Freie Zeit für die Liebe

Dorothee Sölle (1929–2003), die Mystikerin aus Hamburg, inspiriert mich immer wieder. Schon 1985 hat sie die Verbindung zwischen geringer Selbstachtung, entfremdeter Arbeit und herrschenden sexuellen Verhaltensmustern schonungslos aufgezeigt. Ihre Worte sind – leider immer noch – von höchster Aktualität: »Ein Mensch, der all seine Energien der Firma widmet, auf Kosten seiner persönlichen Identität, der der Firma mit ihrem Anspruch auf Loyalität gerecht zu werden versucht, indem er ihr den größten Teil seiner Zeit opfert, hat damit auch über die Entwicklung seiner Sexualität entschieden. Dabei geht es nicht zuerst um die Quantität der Zeit, sondern um ihre Qualität! Wenn von neun bis fünf Uhr gilt: ›Zeit ist Geld!‹ – wie soll dann die Zeit nach fünf etwas anderes sein, eine wirklich freie Zeit, eine Zeit für die Liebe?«[11] Die versteckte Versklavung in unserer suchtfördernden Konsumgesellschaft nimmt zu. Darum brauchen wir dringend eine erotische Lebenskunst, die Widerstand für Freiräume schafft, in der Menschen sich Atempausen gönnen, um miteinander die Kunst des Liebens zu pflegen. Wir brauchen das regelmäßige Eintauchen in die Zusage des siebten Tages in der biblischen Schöpfungsgeschichte: »Es ist okay! Du bist gut, so wie du jetzt bist!«

Mein Lieblingsdichter Rainer Maria Rilke (1875–1926) erwähnt in seinen Briefen an einen jungen Dichter die Weisheit eines Künstlers, der nicht rechnet und zählt: »Und tatsächlich liegt ja künstlerisches Erleben so unglaublich nahe am geschlechtlichen, an seinem Weh und seiner Lust, dass die beiden Erscheinungsformen eigentlich nur verschiedene Formen ein und derselben Sehnsucht und Seligkeit sind. Und wenn man statt ›Brunst‹ ›Geschlecht‹ sagen dürfte, ›Geschlecht‹ im großen, weiten, reinen, durch keinen Kirchenirrtum verdächtigten Sinn, so wäre seine Kunst sehr groß und unendlich wichtig.«[12] Damit die himmlische Lust uns immer wieder beglücken kann, brauchen wir die Entschiedenheit, uns immer wieder zu überprüfen, ob wir die Partnerin, den Partner »nur haben wollen«, anstelle eines spielerischen Miteinanders. Gerade weil unsere Zeit durch und durch organisiert ist, brauchen wir Freiräume für eine prickelnd-spirituelle Erotik. Es ist nicht einfach, doch es ist möglich, sich Zeitfenster zu schaffen, in denen wir unsere tiefen Bedürfnisse und Ursehnsüchte nach Angenommensein, Verwurzelung und Verwandlung vermehrt spüren und lernen sie einander mitzuteilen.

Berührend
kommst du mir entgegen
mit deiner Zärtlichkeit
die mich aufhorchen lässt

Bewegend
umfängst du mich
mit deiner sinnlichen Haut
die uns prickelnd verbindet

Berauscht
gleiten wir von Berührung zu Berührung
mitten hinein in jene göttliche Dimension
die uns zusammenführt
die uns übersteigt
die uns erschüttert
die uns tief vereint

Berührend
bewegend
berauscht
erahnen wir
in unserer Ekstase
eine spielerische Spur
zum göttlichen Raum in uns

Einführung zu den Ritualen

Erotische Gottesdienste im Schlafzimmer

»Beherzt und kraftvoll – Versöhnung von Sexualität und Spiritualität« heißt ein Workshop, den ich am Evangelischen Kirchentag in Dresden im Juni 2011 geleitet habe. Erfreulicherweise haben Jung und Alt in einem überfüllten Raum teilgenommen und ihr Bedauern ausgedrückt, dass es in Dresden kein »Zentrum Liebe« gab, wie es am Evangelischen Kirchentag 2007 in Köln möglich war, in dem in einer Kirche ein erotischer Gottesdienst für Liebende gefeiert wurde. Ich stimmte dieser Enttäuschung zu und ergänzte sie spontan mit den Worten: »Statt jammernd zu warten, ermutige ich uns alle, erotische Gottesdienste im eigenen Schlafzimmer zu feiern.« Ich war selbst überrascht über diese Ermutigung. Gottesdienst bedeutet für mich, einzutauchen in die Erinnerung, dass wir geliebt und gesegnet sind vor allem Tun und dadurch alle unsere Lebenserfahrungen, die hellen und dunklen, in einem größeren Zusammenhang sehen können. Unter einem erotischen Gottesdienst verstehe ich die Einladung, unsere göttliche Liebeskraft, die sich auch in unserer sexuellen Lust ausdrückt, zu feiern. Rituale und Symbole können uns unterstützen. Deshalb stelle ich hier einige Rituale für Paare vor, als Hilfe, um die wunderbar-verantwortungsvolle Gestaltung der Sexualität auch meditierend vertiefen zu können. Eine beseelte Sexualität ist nicht machbar, sie kann sich ganz unerwartet ereignen, uns überwältigen, uns übersteigen. Sie kann uns auch mit unseren Schattenseiten, mit unserer Ambivalenz in Berührung bringen. Das himmlische Geschenk der Sexualität lässt sich nicht mit Ritualen »verordnen«, zum Glück! Doch wir können Vertrauensräume schaffen, um dem Wesentlichen eine Entfaltungschance zu eröffnen: manchmal gelingt es und manchmal bleiben unsere inneren Herzenstüren verschlossen. Dank der wiederholenden Kraft der Rituale können wir dem Zeitgeist der zunehmenden Schnelligkeit und dem Leistungsdruck, immer cool und potent zu sein, eine entlastende Lebensgrundhaltung entgegenhalten, die uns mehr sein lässt und weniger haben möchte. Rituale möchten uns zur Tiefe unseres Erlebens führen, um beziehungsfähiger und lustvoller unsere Leiblichkeit und Geschlechtlichkeit in der intimen Begegnung mit einem lieben Menschen erfahren zu können.

Die Kraft der Rituale

Wir leben in einer Welt mit einer Fülle von Möglichkeiten und Informationen, die auch die Gestaltung einer Beziehung bereichern kann. Eine kreative Vielfalt von Liebeschansons, Romanen, Filmen, Gedichten und psychologischen Ratgebern möchte ich nicht missen. Um mich in der Fülle nicht zu verlieren und mich leben zu lassen, hilft mir die Kraft des Wiederkehrenden, die sich als Fundament eines jeden Rituals zeigt.

Wir Menschen leben nicht nur von innen nach außen, sondern auch von außen nach innen. Meditationen, Musik, Symbole, Worte aus heiligen Büchern, Yoga, Qigong, Tanz, Gebete, Gebärden, Stilleübungen können auch in einer Partnerschaft eine Hilfe sein. Gerade weil unsere Beziehungsgestaltung anspruchsvoller und dadurch auch schwieriger geworden ist, können uns Rituale entlasten und uns eine Struktur geben. Gerade weil die Anforderungen im Begleiten eigener Kinder, im Berufsalltag und im Entfalten der eigenen Persönlichkeit immer komplexer werden, können Rituale unser Leben vertiefen und ordnen. Natürlich werden wir jeden Tag infiziert von unserer Volkskrankheit, keine Zeit zu haben. Unser Leben und vor allem unsere Liebe ist zu faszinierend und zu zerbrechlich, als dass wir sie abgeben an die grauen Zeitdiebe, wie sie im inspirierenden Roman »Momo« von Michael Ende beschrieben werden: »Niemand schien zu merken, dass er, indem er Zeit sparte, in Wirklichkeit ärmer, immer gleichförmiger und kälter wurde ... Aber Zeit ist Leben. Und das Leben wohnt im Herzen. Und je mehr die Menschen daran sparten, desto weniger hatten sie.«[13]

Momo verkörpert zwei Grundwerte, die lebensnotwendig sind: gegenwärtig sein und zuhören können. Rituale möchten diese bedrohten Seiten in uns stärken, indem sie uns durch die Kunst der Wiederholung zur Langsamkeit und zum Innehalten ermutigen. Natürlich haben auch Rituale ihre Schattenseiten, sie können herzlos »heruntergeleiert« werden, sie können eine sture, zwanghafte Seite in uns nähren und sie können unangenehme Gewohnheiten fördern, die eine lebendige Beziehung in ihrem Alltagstrott ersticken können. Wer sich dessen bewusst ist und mit innerer Wachheit und Freiheit Rituale in der Partnerschaft gestaltet, der kann ihre heilende Kraft erfahren, die zum Aufatmen im anspruchsvollen Beziehungsalltag einlädt.

»Genie ist ein Prozent Inspiration und neunundneunzig Prozent Transpiration«, schreibt der amerikanische Erfinder der Glühlampe Thomas Alva Edison (1847–1931). Jede Künstlerin und jeder Künstler wartet auf die Inspiration, die angewiesen ist auf Geduld und Disziplin, um sich verwirklichen zu können. Damit die geniale Kunst einer erotischen Liebe immer wieder neu funkeln kann, braucht es die Einsicht, dass sie auch viel Achtsamkeit und Pflege benötigt. Humorvoll kann diese uralte Lebensweisheit beim Comedian Hape Kerkeling (*1964) genossen werden. Im Internet findet sich eine Aufnahme seines Auftritts als niederländische Paartherapeutin Evje van Dampen, die sich als »Mutter Teresa der lebensabschnitts-partnerschaftlichen Beziehungsarbeit« versteht. Sie begrüßt ihr Publikum mit folgenden Worten: »Sie sind alle hier, weil Ihre Ehe ein Trümmerhaufen ist. ... Dazu stelle ich Ihnen nur eine wichtige Frage: Was ist Liebe eigentlich? Ich kann es Ihnen verraten: Liebe ist Arbeit, Arbeit, Arbeit. ... Tun Sie also etwas gegen Ihre emotionelle Arbeitslosigkeit ...!« Ein hervorragender Einstieg, um als Paar miteinander ins Gespräch zu kommen, wie nebst dem spontanen, beglückenden Beflügeltsein von unserer sexuellen Lebenskraft, auch das achtsame Vor- und Nachspiel dank Ritualen vertieft werden kann.

Rituale sind kein Selbstzweck, sondern sie möchten den Liebesfluss stärken. Rituale erübrigen sich, wenn wir in ekstatischer Ergriffenheit einfach nur glücklich sind ...

In dieser leidenschaftlichen Grundhaltung des Geschehen-Lassens und Dranbleibens stelle ich am Ende eines jeden Kapitels einige Anregungen vor. Die Vielfalt lädt ein, sich je nach Lebenssituation miteinander (manchmal alleine) für ein Ritual zu entscheiden und es über einen längeren Zeitraum einzuüben. Die heilende Kraft eines Rituals kann nur zum Tragen kommen, wenn es wiederholt wird. Die folgenden Rituale sind alle »bubileicht«, solange sie nicht getan werden, und nicht einfach, wenn sie miteinander gewagt werden! Wir sollten nicht überrascht sein, wenn sich Widerstände melden wie: »Das brauchen wir doch nicht! Wir haben keine Zeit für so selbstverständliche Übungen! Das ist ja lächerlich!« Das Ernstnehmen dieser Widerstände und das gemeinsame, konfliktreiche Suchen nach einem Weg ist schon ein konkreter Ausdruck einer aufmerksamen Beziehungspflege.

Rituale

Kleine Vorbemerkung: Um den Schreib- und Lesefluss nicht zu erschweren, beschreibe ich die Übungen abwechselnd in der männlichen oder weiblichen Form.

Willkommen sein

Drei Urwünsche finden sich in allen Märchen, Mythen und heiligen Texten. Es sind die Wünsche nach Ansehen, Verwurzelung und Verwandlung. Jedes Mal, wenn wir einander bewusst willkommen heißen, dann erneuern wir unsere tiefe Sehnsucht nach Anerkennung, nach Beheimatung und nach innerem Wachstum:

Das Paar gestaltet miteinander eine wohltuende Atmosphäre. Kleine Teelichter, eine Duftlampe mit naturreinen, ätherischen Ölen, eine besondere Musik können als Willkommensgruß zur liebevollen Begegnung und Entspannung einladen.

Ankommen: Entschleunigung

»Wenn du es eilig hast, dann mache einen Umweg«, heißt ein buddhistisches Sprichwort. Es erzählt von der Erfahrung, dass es sich nach einem hektischen Tag lohnt, einander den »Umweg der Entschleunigung« zu gönnen, um auch in der sexuellen Begegnung nicht nur körperlich anwesend zu sein, sondern ganzheitlich, mit Leib-Geist-Seele. Ein Schütteln im guten Stand hilft uns, all die vielen Eindrücke und Bilder, auch all das Unangenehme eines Tages gehen zu lassen:

Die Partner stellen sich einander gegenüber mit einem weiten Zwischenraum. Jede/r steht hüftbreit da, die Knie sind nicht durchgestreckt, und atmet tief ein und aus. Die Augen sind geschlossen. Das Gesicht ist entspannt, das Kinn ist locker.

Beide beginnen sich leicht zu schütteln: Wir schütteln all unsere Körperteile richtig aus. Zuerst die eine Hand, danach den ganzen Arm, dann die andere Hand, später dann den ganzen Arm. Nacheinander die Füße, Beine, den ganzen Beckenraum. Wir schütteln uns, bis »es« uns nur noch schüttelt; auch unsere Brust, unsere Schultern, unser Kopf werden mitgenommen in unser entspannendes Schütteln.

Zu mir stehen, geradestehen für mein Leben – Einzelübung

Wer den Tag hindurch regelmäßig einübt, zu sich zu stehen, der kann sich authentischer auf andere einlassen. Die kleinen Wartezeiten und Störungen im Alltag sind jedes Mal eine Chance, um ganz unscheinbar-kraftvoll mit beiden Füßen gut auf dem Boden zu stehen:

Ich stehe zu mir, meine Knie sind nicht durchgestreckt. Ich atme tief ein und aus. Ich atme besonders in meine Verspannungen hinein, wohlwollend-bestimmt. Ich darf einen kleinen Moment innehalten, tief durchatmen, um mich erinnern zu können, dass ich mehr bin als meine Ungeduld und meine Unruhe. Ich stehe zu mir, zu meiner Lebenslust und meiner Verunsicherung. Ich lasse mich ein auf diesen Moment, ganz im Sinne von Meister Eckhart: »Jetzt ist der wichtigste Moment in meinem Leben.« In Arbeit und Freizeit werde ich beim Aufstehen einen kleinen Moment stehen bleiben, damit ich gelöster all die Herausforderungen des Lebens bestehen kann.

Zu mir stehen, geradestehen für mein Leben – Paarübung

Geradestehen für mein Leben, meine Lebenslust und meine Zerbrechlichkeit ist eine wesentliche Lebensgrundhaltung, zu der wir einander in einer Partnerschaft bestärken können. Meine eigene Standortbestimmung ist wichtig, um mich wirklich auf eine Begegnung einlassen zu können:

Beide stellen sich einander gegenüber, so weit auseinander, dass sie einander gut in die Augen sehen können. Jede steht hüftbreit da, atmet tief ein und aus und lockert die Schultern, um gut dastehen zu können. In dieser einfachen Übung kann uns bewusst werden, dass es gar nicht so einfach ist, geradezustehen für das eigene Leben. Es gibt Tage, an denen es leicht gelingt, und andere, an denen ich mir bewusst werde, wie verspannt ich heute bin und wie schwer es mir fällt, für mein Dasein geradezustehen. Wenn beides sein darf, werde ich entlastet. Als Paar unterstützen wir einander gegenseitig, indem wir zuerst mit geschlossenen Augen einander gegenüberstehen, damit wir Zeit haben, unseren Standpunkt zu finden. Dann öffnen wir unsere Augen und schauen einander tief in die Augen, mit einem wohlwollenden Blick, der einlädt, zu den hellen und dunklen Seiten zu stehen. In der Grundhaltung, dass jeder zu sich, zu seinen leichten und schweren Seiten stehen kann, können wir erahnen, dass es nie alleine auf uns ankommt, sondern wir von innen her immer neu zu mehr Lebendigkeit auf(er)stehen können. Diese innere Kraft wird uns im Alltag stärken, um auch für unsere Kinder, für andere Menschen in der Umgebung und weltweit einstehen zu können.

Einander segnend begrüßen

Durch eine einfache Geste/Gebärde können wir manchmal mehr ausdrücken als durch viele Worte. In der indischen Tradition begrüßen Menschen einander mit dem Wort »Namasté«. Es heißt im Sanskrit »grüßen, ehren, verehren«. Wir können einander segnend begrüßen, indem wir uns mit so viel Zwischenraum einander gegenüberstellen, dass wir uns voreinander verneigen können. Die Hände sind gefaltet vor unserem Brustraum. Wir verneigen uns, danach bewegen wir uns aufeinander zu. Die Daumen der gefalteten Hände berühren den Brustraum, die kleinen Finger berühren die kleinen Finger der Partnerin. Dann spricht jede als Segensgruß den Vornamen des Partners, der Partnerin mit folgenden Worten laut aus: »..., ich grüße das Göttliche in dir.«

Mich verzaubern lassen
Staunen –
spielerisches Ergriffensein

Verzaubert
sind wir hineingenommen
in die spielerische Kraft
der Körpersprache
der wir uns blind anvertrauen

Tastend
begegnen wir uns
entdecken unseren Leib neu
als Quelle des Vertrauens
als Quelle der Lust

Verrückt
werden wir
lassen uns gleiten
in die Weite des Himmels
die unsere Liebe übersteigt
und uns verwurzelt im Jetzt

Verwandelt
werden wir
entlassen zu uns selbst
zu unserer Einmaligkeit
zu unserem Mitgefühl

»Wir alle sind aus Sternenstaub, in unseren Augen warmer Glanz, wir sind noch immer nicht zerbrochen, wir sind ganz: du bist vom selben Stern …«, singt das Berliner Popduo »Ich + Ich«. Ich mag diesen Song sehr. Er spannt einen großen Vertrauensbogen über mein Leben. Ich entdecke darin ein unbegreifliches Ergriffensein, das uns Menschen zum Staunen und zum Tanzen bewegt: »Heb mal ab, tanz durch die Straßen …«

Der Ursprung des Wortes Spiritualität liegt im lateinischen Wort *spirare* = atmen. Spirituelle Menschen schöpfen in einer achtsam-spielerischen Leichtigkeit aus dem Geschenk des Lebens, aus ihrem Atemfluss. Liebende Menschen werden von innen her verwandelt, wenn sie erahnen und erkennen, dass die Liebe zweier Menschen uns auf den tiefsten Sinn unserer Existenz verweist, auf ein geheimnisvoll-konkretes Eingebundensein in einem größeren Ganzen, das wir beim aufmerksamen Ein- und Ausatmen immer neu erfahren können. Der Berner Radioredakteur und Buchautor Lorenz Marti (*1952) hat mich in einer spannenden Kolumne zu Pfingsten an diese Wirklichkeit erinnert: Mit einem Atemzug nehmen wir Milliarden von Atomen aus dem Universum auf, die wir beim Ausatmen wieder abgeben. Die Luft verbindet alle Lebewesen, niemand kann sie allein für sich behalten. Lorenz Marti schreibt: »Mit der Atemluft wandern sogar Atome durch Ihren Körper, die einst Abraham, Buddha, Jesus von Nazaret und Wolfgang Amadeus Mozart gehört haben. Eine aufregende Vorstellung … Atemberaubend ist dieses luftige Netz jedenfalls schon. Es spannt sich über die ganze Erde und erstreckt sich tief in den Himmel. Zudem reicht es Jahrmilliarden weit zurück in die Vergangenheit. Ein Großteil seiner Atome und Moleküle stammt aus dem Inneren verloschener Sterne. Wir atmen wortwörtlich Sternenstaub.«[14] Darum ist auch schon unser Verliebtsein viel mehr als dieser faszinierende Flug der vielen Schmetterlinge in unserem Bauch. Es erzählt von der unstillbaren Sehnsucht nach Liebe und Lust, die uns auf unsere Heimat im Himmel verweist.

Seit dreißig Jahren lese ich immer wieder im »Buch von der Liebe« des nicaraguanischen Priesterdichters Ernesto Cardenal

(*1925). Darin schreibt er: »In der ganzen Natur finden wir die Initialen Gottes, und alle erschaffenen Wesen sind Liebesbriefe Gottes an uns ... und auch mein eigener Körper ist erschaffen für die Liebe zu Gott. Jede einzelne meiner Zellen ist ein Hymnus auf den Schöpfer und eine immerwährende Liebeserklärung.«[15] Was für eine Perspektive, wenn wir auch die lustvoll-verantwortungsvolle Gestaltung unserer sexuellen Lebenskraft als Antwort auf die Liebeserklärung Gottes an uns erfahren.

Es ist eine Engführung aller Religionen, auch der christlichen, wenn Gotteserfahrungen nur mit Anstrengung und Leiden in Verbindung gebracht werden. Liebe und Leiden heißen die beiden großen Verwandlungskräfte unseres Lebens. Durch eine Grenzerfahrung, eine Lebenskrise können wir zum tieferen Grund unseres Lebens geführt werden. Doch wir können auch durch eine große Verwunderung und ein Angerührtsein den innerst-göttlichen Lebensfunken spüren, der alles durchatmet. Im Anfang ist nicht die Ursünde, sondern der Ursegen. Die erste Seite der Bibel spricht Klartext, wenn sie uns zuspricht, dass wir als Frau, als Mann Abbild Gottes sind. Nicht weil wir uns besonders bemüht haben, weil wir viel geleistet haben, sondern weil wir bedingungslos geliebt werden. Durch das Geschenk der Liebe können wir besonders den kostbar-wohltuenden Atem Gottes erfahren. Es ist nicht der sogenannte »Sündenfall« von Adam und Eva, der uns zum Sinn des Lebens führt, sondern die unerschöpfliche Gabe, uns lieben zu lassen und lieben zu können. Leider beginnt bis heute für zu viele Menschen Religion mit Ansprüchen, anstelle von lebensbejahenden Zusprüchen, wie diese humorvolle Begebenheit von zwei Kindern zeigt: Der fünfjährige Dirk ist traurig, dass sein dreijähriger Bruder Thomas nicht mit ihm spielen kann, weil er mit Fieber im Bett ist. Obwohl Dirk noch nicht lesen kann, nimmt er die Kinderbibel und erklärt Thomas altklug: »Weißt du Thomas, wenn Adam nicht in den Apfel gebissen hätte, dann würden wir heute noch in Paris leben!«

Jetzt weiß ich endlich, weshalb ich so gerne nach Paris fahre! Doch nicht nur in Paris, sondern überall, wo wir uns zur Kunst des Liebens begeistern lassen, erfahren wir ein großes Stück Paradies! Wir erfahren es im alltäglichen Einüben des Staunens. Der griechische Philosoph Aristoteles (384–322 v.Chr.) sieht im Staunen den Beginn des Philosophierens. Das Staunen wirbelt unser Kontrollsystem durcheinander und es eröffnet in uns eine Spur zum Unbegreiflichen. Der amerikanische Bestsellerautor Sam Keen sieht das Staunen als urtümlichste Emotion, die gewöhnlich und verwirrend zugleich ist: »Als sechster und natürlicher religiöser Sinn ist das Staunen der Königsweg, der uns die anderen elementaren Emotionen und dadurch ein neues Gespür für das Heilige erschließt.«[16] Das Staunen führt Menschen zusammen und bringt sie in Berührung mit dem Heiligen. Die Verwunderung ist alltäglich und geheimnisvoll-unerklärlich. Es ist ja schon erstaunlich, warum wir gerade diesen einen Menschen lieben, und es ist wunderbar, wenn zwei Menschen einander sagen können, dass der Himmel sie zusammengeführt hat:

Ich weiß nicht, weshalb ich *dich* liebe.

Du fragst mich, weshalb *ich* dich liebe.

Schon wieder fragst du mich, so wie ich dich frage »weshalb *mich?*«.

Mein Verstand sucht sofort nach Gründen, er kann sogar viele aufzählen: deine Augen, dein Humor, deine Beharrlichkeit, das erotische Knistern zwischen uns, deine Verletzlichkeit, dein Tanzen, dein Kämpfen für eine gerechtere Welt, deine Schönheit, deine Verlorenheit, deine tiefe Sehnsucht nach Ewigkeit, deine Verspieltheit …

Trotzdem, die Frage bleibt, und sie darf uns bleiben. Der Schweizer Schriftsteller Max Frisch (1911–1991) schreibt 1946 in sein Tagebuch: »Es ist bemerkenswert, dass wir gerade von dem Menschen, den wir lieben, am wenigsten aussagen können, wie er sei. Wir lieben ihn einfach … Die Liebe befreit aus jeglichem Bildnis. Das ist das Erregende, das Abenteuerliche, das eigentlich

Spannende, dass wir mit den Menschen, die wir lieben, nicht fertig werden, weil wir sie lieben, solange wie wir sie lieben.«[17]

Im ersten Buch der Bibel wird dies ganzheitlich mit dem Wort »erkennen« ausgedrückt. »*Dann erkannte Adam, der Mensch als Mann, die Eva, seine Frau, sie wurde schwanger, gebar den Kain*« (Genesis 4,1). Einander erkennen ist tiefster Ausdruck von Intimität und Aufgehobensein. Einander staunend erkennen, bestärkt zur gegenseitigen Anerkennung, damit auch wohlwollende Kritik möglich wird.

Du fragst mich, weshalb ich dich liebe?
Ich weiß es nicht, weil ich dich liebe …

Miteinander das Staunen einüben

Kinder können uns zu spirituellen Begleitern werden, weil sie staunend die Welt entdecken. Sie können voll und ganz aufgehen in ihrem Dasein, in ihrem Spiel. Sie vergessen die Zeit und wenn sie ergriffen sind von etwas, dann lassen sie sich nicht beirren. Kürzlich habe ich mit Kindern den Europa-Park in Rust besucht: was für eine Herausforderung für mich! Die Fülle der Möglichkeiten, die rasenden Bahnen brachten mich ins Schwitzen. Was für eine Wohltat, als ich spielende Kinder entdeckte, die ein einfacher Springbrunnen begeisterte und die völlig selbstvergessen das Spiel des Wassers genießen konnten. Auf einmal nahm eine ungeduldige Mama ihren kleinen Jungen an der Hand und zerrte ihn mit energischen Worten weg: »Komm jetzt endlich weiter, wir haben keine Zeit, wir sind ja nicht zum Vergnügen hier!«

Ein spiritueller Weg in der Partnerschaft lädt ein, den Weg zur Quelle zu wagen, der uns zumutet, gegen den Strom der Schnelligkeit und Machbarkeit zu schwimmen. Wirklich genießen können, bedeutet das ganz Einfache, Ursprüngliche wiederzuentdecken. Der Philosoph Martin Heidegger (1889–1976) bringt diese Lebensgrundhaltung auf den Punkt: »Der Verzicht nimmt nicht. Der Verzicht gibt. Er gibt die unerschöpfliche Kraft des Einfachen.«[18] Ein spiritueller Weg beginnt mit dem Staunen, mit der Einladung, *einfach sein* zu dürfen, auch miteinander.

Unser zärtliches Spiel
verwurzelt uns in der göttlichen Liebe
wir spielen uns hinein
in das Wagnis der Intimität
wir heben die Grenzen der Angst auf
erfinden die Liebe neu

Wir tasten uns vor zur Mitte
entlang des Leibes
wir berühren uns spielerisch
entfalten unsere Lust
wir geben uns auf
bleiben einander verbunden

Unser ganzes Leben verdichtet sich
in unserer spielerischen Annäherung
Glück und Schmerz sind ganz nah
aufgehoben im zerbrechlichen Ganzsein

Erotisch-biblische Liebeslieder

Zufall!? In der Mitte der Hebräischen Bibel finden wir atemberaubend-faszinierende Liebeslieder: im Hohelied der Liebe, das im Hebräischen wortwörtlich »Lied der Lieder« heißt. Die jüdisch-christliche Glaubensvertiefung vieler Menschen würde befreiter und sinnlicher aussehen, wenn diese Liebeslieder in der Mitte ihrer religiösen Erfahrungen angekommen wären. Leider noch nicht! Mit sinnlich-lustvollen Worten werden diese Gedichte eröffnet:

»Küssen soll er mich mit Küssen seines Mundes. Ja!
Gut ist deine Liebe, besser als Wein.« (1,2)

Es kann nur die List des Heiligen Geistes gewesen sein, die sich für die Aufnahme dieser Lieder in der Bibel eingesetzt hat!

All die leibfeindlichen Entfremdungen, die leider auch das Christentum geprägt haben, hätten nie aufgebaut werden können, wenn diese erotischen Meditationen in den Herzen der Menschen angekommen wären. Sie erzählen von einer geglückten Integration von Eros und Religion. Das Herzstück der biblischen Botschaft heißt »Gott ist die Liebe«. Dass diese Liebe sich auch in der erotischen Kraft der Liebenden ereignet, ist für viele Glaubenswächter zu konkret! Das leibhafte Ereignen Gottes, mitten in unserer tiefen Sehnsucht nach Angenommen-Sein, nach Lust, nach Unmittelbarkeit ist der Beweggrund der Komposition dieser Lieder, die eine wunderbare Wertschätzung unserer sexuellen Liebeskraft ausdrücken. In der hebräischen Sprache kann ich nicht sagen »ich habe einen Leib«, sondern »ich bin Leib«. Unser Leib ist ein Kunstwerk Gottes:

»Sieh doch, du bist schön meine Freundin!
Sieh doch, du bist schön ... deine zwei Brüste wie zwei Kitzlein,
Zwillinge der Hirschkuh, die unter Rosen weiden.
Bis der Tagwind weht, die Schatten fliehen, geh ich, ich selbst,

zum Berg der Myrrhe, zum Hügel des Weihrauchs. Schön bist du ganz und gar meine Freundin! Kein Makel ist an dir.« (4,1.5–7)

»Mein Freund ist rot und voller Licht ... seine Augen wie Tauben an Wasserbächen. Sie baden in Milch und wohnen in Fülle. Seine Wangen wie Gewürzgärten, Türme wie Aromen. Seine Lippen Rosen, Tropfen von fließender Myrrhe ... Sein Leib ein Kunstwerk aus Elfenbein bedeckt mit Saphiren. Seine Schenkel Marmorpfeiler ... Süße ist sein Mund und alles an ihm Begehren. Das ist mein Liebster, das mein Geliebter.« (5,10.12.15–16)

Wie in allen biblischen Texten finden wir auch im Hohelied sehr alte Bilder aus einer ländlichen Lebens- und Arbeitswelt und aus einer orientalischen Kultur. Darum können uns diese Worte fremd erscheinen und gar nicht als sehr erotisch empfunden werden. Auch biblische Texte möchten durch uns voller Kreativität weitergeschrieben werden; nur so bleiben sie lebendig! Darum können sich Liebende von diesen uralten Gedichten inspirieren lassen, um ihren ureigenen Worten zu trauen.

Heilend-erotische Liebeslieder

Inspiration wird von der eigenen Erfahrung und vom Dialog mit anderen Erfahrungen genährt. Darum ermutige ich zum Lesen und Vertiefen der uralten biblischen Liebeslieder, weil sie das Erotische und das Heilige nicht trennen. Ich werde im Innersten immer wieder von Neuem ganzheitlich, mit Leib-Geist-Seele angerührt, wenn ich diese heilenden Worte laut vorlese. Was für ein Verlust an Glaubenstiefe und Schönheit, dass sie in unseren Kirchen kaum vorkommen. Im Lied der Lieder erahne ich, wie durch die erotische Lebenskraft zwei Menschen zusammengeführt werden. Ich spüre, dass die erotisch-göttliche Kraft im Schönen, in der Kreativität und im Künstlerischen ihre Entfaltung findet. Befriedigt werden hat viel mit innerem Frieden zu tun, der über uns hinausweist auf einen weltweiten Friedensweg. Menschen, die jeden Tag neu danken für das Wunderwerk ihres Leibes, wachsen in eine tiefere Verbundenheit mit allen Lebewesen hinein, die zu mehr Achtsamkeit bewegt. Ein Versöhnungsweg, auf dem die Würde jeder Frau und jedes Mannes mit Toleranz und Respekt gesehen wird. Einzigartig, höchst erstaunlich und viel zu wenig beachtet, ist diese Gleichberechtigung im Hohelied der Liebe. Das himmlische Geschenk der göttlichen Liebeskraft verbietet jeglichen Sexismus. Es entlarvt eine patriarchale Religion, in der (leider immer noch!) Männer über Frauen herrschen wollen. Die Bibelzitate in diesem Buch stammen aus der »Bibel in gerechter Sprache«, die ich sehr schätze. Darin wird sogar auf eine biblisch einzigartige Ungerechtigkeit hingewiesen, denn »es ist zuallererst der Selbstausdruck der liebenden Frau, der hier zu Wort kommt«[19].

Das Lied der Lieder bestärkt mich im Vertrauen, dass wir durch die Liebe über uns hinauswachsen können. Unsere Ängste können in Hingabe verwandelt werden.

Schalom Ben-Chorin zitiert in seinen Gedanken zum Hohelied den jüdischen Dichter Max Brod (1884–1968), einen Freund von Franz Kafka, der vermerkt: »Es ist die ungeheure, die Jahrtausende durchstrahlende Tat des Judentums, in der Liebe, und zwar nicht in irgendeiner ihrer spiritualen Verdünnungen, sondern im direkten erotischen Ergriffensein von Mann und Frau das Diesseitswunder, die reinste Form dieser Gottesgnade, ›Die Flamme Gottes‹ (Schalheveth-Jah) erkannt zu haben.«[20] Dieses wunderbare Ergriffensein bewohnt uns und lässt uns unser Dasein jeden Tag neu voller Dankbarkeit als großes Lebensgeschenk sehen.

Unsere Haut berührt sich
zur intimen Sinnlichkeit
unsere Haut weckt
unseren Wunsch nach Dasein
unsere Haut stillt
unsere Sehnsucht nach Geborgenheit

Unsere Haut bewegt
unser Seelenfünklein
unsere Haut stimmt
unsere Lebensmelodie an
unsere Haut lässt uns
präsent-selbstvergessen sein

Unsere Haut ist
voller Lebenskraft
voller Verletzlichkeit
voller Lust
sie legt unsere Sehnsucht
nach Ewigkeit frei

Befreite Sinnlichkeit

Die verschiedenen Übersetzungen und Auslegungen dieser erotisch-spirituellen Lieder fassen all die Widerstände und Schwierigkeiten zusammen, die zu viele sich mit einer Versöhnung von Sexualität und Spiritualität machen. In der Lutherübersetzung aus dem Jahre 1545 heißt es im zweiten Vers des ersten Kapitels: »*Er küsse mich mit dem Kusse seines Mundes. Denn deine Brüste sind lieblicher als Wein.*« In der Ausgabe aus dem Jahre 1912 wird das Wort »Brüste« durch »Liebe« ersetzt.

In der ökumenischen Einheitsübersetzung heißt es (5,4): »*Mein Geliebter streckte die Hand durch die Luke; da bebte mein Herz ihm entgegen.*« Eine schöne poetische Umschreibung, die allerdings die lustvolle Komponente im hebräischen Urtext zurückhält, wie sie zum Glück in der »Bibel in gerechter Sprache« aufscheint: »*Mein Geliebter streckt seine Hand aus durch die Öffnung, das Innerste meines Schoßes stöhnt ihm entgegen.*« Worte, die eine leidenschaftliche Intimität und ein heiliges Begehren beinhalten, die die unselige Trennung zwischen Leib und Geist, Religion und Eros aufheben.[21]

Auch dieses biblische Buch ist nicht vom Himmel gefallen und es ist nicht aus einem Guss. Diese wunderbare Liebespoesie ist von ähnlichen Liebesliedern aus der ägyptischen, babylonischen und kanaanäischen Umwelt Israels geprägt. Othmar Keel (*1937), der international bekannte Professor für Altes Testament und Biblische Umwelt an der Universität Fribourg/CH, sieht die Entstehungs- und Endredaktionszeit am ehesten zwischen dem 8. und 6. Jahrhundert v.Chr. Für ihn sind die Lieder vor allem »Sehnsuchtslieder«, die nicht spirituell überhöht sind, in denen die Vergöttlichung des Sexuellen fehlt. Sie drücken eine hohe Wertschätzung der menschlichen Sexualität aus, die auch ein wunderbares Werk Gottes ist.[22] Die erotisch-sinnlich-lustvolle Unmittelbarkeit der Lieder brachte jüdische Rabbiner und christliche Bibelausleger immer wieder in Verlegenheit. Die Interpretation dieser Texte ist voller Missverständnisse und Fehldeutungen. Die erotische Kraft wird »entschärft«, indem man von einem Gleichnis, einem Sinnbild, einer Allegorie spricht. Die Leidenschaftlichkeit zweier verliebter Menschen, die nicht einmal verheiratet sind, steht in dieser Deutungsspur »nur« (!) für die Liebesbeziehung zwischen Gott und seinem Volk oder in der christlichen Interpretation zwischen der Liebe Christi und seiner Braut Kirche. Diese Sicht verstärkte die unheilvolle Spaltung zwischen Leib-Geist-Seele. Zum Glück haben sich immer wieder Frauen und Männer für die ursprüngliche Entstehungskraft dieser Texte eingesetzt: die Wertschätzung der Sexualität, die ein Geschenk des Himmels ist und die wie all unsere Gaben mit ihrer Ambivalenz uns anvertraut ist, damit sie verantwortungs- und lustvoll gestaltet werden kann. Martin M. Lintner (*1970), Professor für Moraltheologie in Brixen, bringt es in seinem Plädoyer für eine tragfähige Beziehungsethik auf den Punkt. Er betont, »dass in der Bibel eine leib- und sexualbejahende Sicht vorherrscht«[23]. Die Bibel spricht auch von den Gefährdungen im Bereich der Sexualität. Wie in allen anderen Lebensbereichen wird das Schöne und das Bedrohliche aufgezeigt: Sexualität wird weder idealisiert noch negativ abgewertet.

Verwurzelung wagen

Auf einem spirituellen Weg sind wir eingeladen, unsere ureigene Erfahrung wahr- und ernst zu nehmen, auch unsere ganz intimen Erlebnisse. Ein innerer Weg führt zugleich immer in eine größere Weite, indem wir nicht bei uns selbst stecken bleiben, sondern unsere Verbundenheit mit anderen Menschen erkennen.

Dass eigene Erfahrungen auch in uralten heiligen Texten verwurzelt werden können, ist beglückend. Dabei sind wir aufgefordert nachzuspüren, wo wir eine Übereinstimmung zwischen unserer eigenen Lebenserfahrung und biblischen Texten entdecken und wo wir uns herausgefordert fühlen und Widerstand spüren. Eine gesunde Spiritualität lebt von der Wechselwirkung von Zustimmung und Unterscheidung. In dieser Grundhaltung habe ich gesammelt, was andere Frauen und Männer, die sich intensiv mit dem biblischen Hohelied auseinandergesetzt haben, an befreienden Impulsen entdeckt haben. Auf dieser Entdeckungsreise spürte ich neben einer großen inneren Zustimmung immer auch viel Trauer und Wut, weil sichtbar wird, wie viel sich gerade in dieser Thematik in den letzten fünfzig Jahren verändert hat und wie wenig sich zugleich zum Beispiel in der engführenden, erstarrten Sexualmoral des Vatikans bewegt. Diese Diskrepanz auszuhalten und zugleich selbstbewusst auf- und einzustehen für eine befreite Sexualethik ist das Gebot der Stunde. Dazu brauchen wir Verbündete, damit wir einander gegenseitig das Rückgrat stärken können. Gott sei Dank finde ich viele!

Ich erwähne zuerst Ruth (*1929) und Pinchas Lapide (1922–1997), die sich sehr für den jüdisch-christlichen Dialog einsetzen. Sie verweisen auf einen wichtigen Unterschied zwischen der Hebräischen Bibel, den Fruchtbarkeitsriten und der Tempelprostitution. In der jüdischen Tradition wird die leibliche Liebe nicht vergottet, sondern Eros wird ohne falsche Prüderie als Macht gesehen, die zu Höherem führt.[24] Die leibliche Liebe »nicht vergotten« verweist auf eine gesunde Spannung von Nähe und Distanz. Im Hier und Jetzt können wir tiefe Momente der Vereinigung mit der göttlichen Liebeskraft erfahren. Momente, in denen Raum und Zeit wie aufgehoben erscheinen. Momente, in denen wir miteinander, dank der sexuellen Vertrauenskraft, voll aufgehen in etwas Höherem. Diese wunderbar-himmlischen Erfahrungen bleiben jedoch immer nur Fragmente. Zugleich trennen sie Himmel und Erde nicht. Schalom Ben-Chorin (1913–1999), einer der wichtigsten jüdischen Religionsphilosophen erinnert uns daran, dass es im Hebräischen nur ein einziges Wort für Liebe gibt: »Ahava« – die irdische und die himmlische Liebe. In der griechischen Sprache findet sich die verhängnisvolle Trennung von »Eros« und »Agape«, die zu einer leibfeindlichen Spur geführt hat. Ben-Chorim sieht das Hohelied als glühendes Liebeslied, das heilig ist, weil es ein Liebeslied ist!

Die jüdisch-feministische Theologin Judith Plaskow betont zu Recht, dass sich auch im Judentum leibfeindliche Tendenzen finden. Für liberale Jüdinnen und Juden, die ihr Judentum lieben, führt der Bereich der Sexualität zu großen Spannungen zwischen heutiger Praxis und traditionellen Werten. Zum Glück lassen sich auch in der jüdischen Tradition vermehrt Frauen und Männer zu einer lebensbejahenden Gestaltung ihrer Sexualität bewegen. Judith Plaskow sieht im Lied der Lieder die Spur zu sinnlicher Lust und sexueller Gleichstellung. Sie plädiert für eine befreiende Sicht der Sexualität, weil sie jener Teil in uns ist, durch den wir mit Menschen und Gott kommunizieren: »Wenn wir diese Stelle in unserem Leben berühren, wo Sexualität und Spiritualität zusammenkommen, berühren wir unser Ganzsein und die Fülle unserer Kraft/Macht und zugleich unsere Verbindung mit einer Macht, die größer ist als wir selbst.«[25]

Beim Erwachen berührst du meine Haut
schweigst dich in mich hinein
sprichst allein durch deinen Augenblick

Schweigen umarmt uns
mit seiner faszinierenden Zeitlosigkeit
die unser Glück aufleuchten lässt
zu einem mitfühlenden Dasein

Stille lächelt uns zu
weckt unsere Sehnsucht nach Geborgenheit
begleitet uns in die Tiefe
schenkt uns eine Leichtigkeit des Seins

Maria Jepsen (*1945), die ehemalige lutheranische Bischöfin aus Hamburg, entdeckt im Hohelied ein Land des menschlichen Körpers, das für uns kein verbotenes Land ist. »Unsere Sexualität ist wirklich gottgewollt. Wir können dazu stehen, dass wir uns begehrlich finden, als Frau und Mann. Gott hat nicht gewollt, dass wir uns voneinander abwenden.«[26] Diese Worte sind Balsam für meinen beseelten Leib. Sie führen zu der berechtigten Kritik an zölibatären Menschen, wenn sie sich über andere stellen. Mit wohltuend-klarer Stimme sagt die ehemalige Bischöfin, wer zölibatär leben will, tue es, jedoch nicht, indem er sich anderen überlegen fühlt. Deshalb brauchen wir selbstbewusste Frauen und Männer, die sich nicht beirren lassen von all den subtil-entwertenden Aussagen, dass eigentlich nur zölibatär lebende Menschen Gott wirklich intensiv erfahren können. Um nicht missverstanden zu werden, betone ich meine Wertschätzung für all jene, die in einer klösterlichen Lebensform (und als Single) ihren Weg der Gottessuche gehen. Ich wehre mich nur, wenn dieser Weg höher gestellt wird als der Partnerschaftsweg! Wer wirklich in die Kraft der Tradition eintaucht, der findet eine belebende Vielfalt an Lebens- und Glaubensformen. Diese Sicht vertritt auch die südkoreanische Professorin Sung-Hee Lee-Linke, weil in frühen Religionen die Sexualität als wesentliche Quelle der Lebensenergie aufgefasst wurde, die Frau und Mann zur Harmonie mit sich selbst bringe.[27] Genau diese Hochschätzung findet sich auch im Lied der Lieder. Sie wird vom bekannten Alttestamentler Herbert Haag (1915–2001) hervorgehoben, der sich sehr für die Freiheit in der Kirche eingesetzt hat. Zusammen mit Katharina Elliger (*1929) beschreibt er im leider längst vergriffenen, aber immer noch aktuellen Buch »Stört nicht die Liebe. Die Diskriminierung der Sexualität – ein Verrat an der Bibel« die ansteckende Freude, die zwei junge Menschen aneinander haben: »Wir haben es im Hohelied mit zwei unverheirateten Menschen zu tun, und nichts lässt erkennen, dass sie überhaupt daran denken, eine Ehe zu schließen … Im Hohelied werden alle Saiten der Poesie und Musik zum Klingen gebracht, um das Glück der erotischen Liebe zu preisen.«[28] Diese Einladung, die himmlische Gabe der Sexualität verantwortungsvoll genießen zu können, hat Helmut Gollwitzer (1908–1993) am 17. Deutschen Evangelischen Kirchentag 1977 in Berlin erläutert. Als engagierter Professor an der Freien Universität in Berlin sieht er in der Art und Weise, wie das Hohelied das Religiöse nicht ausdrücklich erwähnt – der Bezug zu Gott kommt »nur« nebenbei im 8. Kapitel vor –, eine Einmaligkeit in der orientalischen Welt. Die Bibel wird im Hohelied zur Verbündeten aller Liebenden, »die für ihre Liebe keine andere Legitimation haben als ihre Liebe«[29]. Eine wohltuende Grundhaltung, die entscheidend ist für einen Dialog auf Augenhöhe mit allen liebenden Menschen, die erahnen, wie die Liebe größer und weiter ist als jede organisierte Religion. Erfrischend hebt Ylva Eggehorn (*1950), eine der bekanntesten Autorinnen Schwedens, die Dialogform im Hohelied als etwas Besonderes hervor. Der Mann im Hohelied ist nicht auf »Erfolg« aus, er sieht die Liebe nicht als Leistung, er fühlt sich nicht bedroht, wenn auch er dank dem kraftvollen Werben der Frau Empfangender sein darf. Sie sieht in dieser Liebesbegegnung »Gott, der sich selbst den Liebenden schenkt«[30].

Schön bist du
du weckst meine Lust
du stiftest Vertrauen
du berührst mich ganz

Schön sind wir
wir begegnen uns nackt
eingekleidet im
erfrischenden Segen

Schön bist du
du zeigst dich zerbrechlich
du befreist uns
zum berührenden Dasein

Im Nationalmuseum der Biblischen Botschaft in Nizza finden sich wunderbare Bilder zum Hohelied vom jüdischen Maler Marc Chagall (1887–1985), die der Priester Klaus Mayer (*1923) aus Mainz in einem Bildband veröffentlicht hat. Darin stellt er sich auch der Frage, warum in diesem biblischen Buch der Name Gottes nicht vorkommt (außer in der Nebenbemerkung »Feuerflammen Jahs« (8,6)). Seine Antwort berührt mich sehr: »Die Antwort scheint mir gerade darin zu liegen, dass das ›Lied der Lieder‹ seit seinem Entstehen für allegorische Deutungen offen, Bild und Gleichnis für die Liebe Gottes zu uns Menschen ist. Das besagt doch, dass Liebe zwischen Mann und Frau, somit auch erotische und sexuelle Liebe, auf Gott hin durchsichtig, transparent ist … Die ›goldne Mitte‹ fällt uns Menschen schwer. Dabei liegt sie so nahe. Wir finden sie in der Bibel. In ihr sind erotische und sexuelle Liebe eingebettet in die Schöpfung Gottes und damit in die Liebe Gottes. Die Bibel und in ihr das Hohelied öffnen uns befreiend und beglückend den Blick für das Geheimnis menschlicher Liebe, für ihre Transparenz auf den liebenden Gott hin.«[31]

Meine Sehnsucht ist groß, dass Liebende transparent werden für die göttliche Liebeskraft, die auch im lustvollen Aufgehoben-Sein durch uns Menschen fließt. Unsere Welt, in der leider eine himmelschreiende Ungerechtigkeit herrscht, braucht Frauen und Männer, die ihr tiefstes Eingebunden-Sein in Gott als Ursprung aller Liebe auch in ihrer erotischen Energie feiern. So können sie sich gegenseitig stärken für eine leidenschaftliche Gelassenheit, für eine ökologische Sorgfalt und für eine zärtliche Menschlichkeit.

Du
entfaltest Dich
im staunenden Geheimnis
der erotischen Liebeskraft
die Menschen berührt
zum Vertrauensakt der Hingabe

Du
entwickelst Dich
in jenen kostbaren Momenten
der Selbstfindung
die befreit zur erotischen Selbstaufgabe
ganz getragen im Fluss der Liebe

Du
ereignest Dich
als erotische Beziehungskraft
verwandelst uns zur
liebenden Aufgabe
um mit Dir eins sein zu können

RITUALE

Einander Verse aus dem Hohelied laut vorlesen

Jeder liest für sich während einer Woche die kurzen acht Kapitel des biblischen Hohelieds:

Als Einstimmung oder als Nachspiel unseres sexuellen Zusammenseins liest jeder dem anderen jene Verse vor, die ihn am stärksten bewegen und berühren. Dabei erinnern wir uns, dass diese heilig-heilenden Worte seit Jahrhunderten Menschen bestärken, das Geschenk der Sexualität dankbar-staunend zu genießen. Die Kraft unserer Wurzeln wird oft unterschätzt: Uralte Lebensweisheiten, die immer wieder Menschen im Innersten berühren und die in allen Ländern der Welt gelesen werden, strahlen eine besondere Kraft aus. Falls im gegenseitigen Vorlesen einige Worte für beide stimmig sind, dann lohnt es sich, sie über eine längere Zeit einander vorzulesen und/oder sie z.B. im Badezimmer am Spiegel aufzuhängen.

Miteinander das Lied »Vom selben Stern« genießen

Das Paar schafft sich im Schlafzimmer eine sinnliche Atmosphäre, mit Teelichtern, Duftöl:

Wir legen uns nackt nebeneinander, halten einander die Hände, schließen die Augen, atmen tief ein und aus, während wir das Lied »Vom selben Stern« hören. Nachdem wir das Lied gehört haben, öffnen wir die Augen und wir wiederholen einander folgende Liedworte:

»Wir alle sind aus Sternenstaub, in unseren Augen warmer Glanz: du bist vom selben Stern ...«

Wir schauen einander tief in die Augen und lassen den warmen Glanz auf uns wirken. Wir erinnern einander an den inneren, göttlichen Stern, der durch uns leuchtet.

Beim nächsten gemeinsamen Abendspaziergang bleiben wir immer wieder einen kleinen Moment still in einer Umarmung stehen. Der Sternenhimmel, den wir manchmal ganz klar sehen und der manchmal bedeckt ist, lässt uns unsere Liebe in der Weite des Himmels sehen. Eine Weite, die uns verbindet, auch mit Menschen auf der ganzen Welt.

Einander mit Fingerspitzengefühl begegnen

Beide erinnern einander staunend-dankbar, dass wir keinen Leib haben, sondern Leib sind. Wir feiern miteinander dieses Geschenk, wenn wir uns ganz konkret mit Fingerspitzengefühl begegnen:

Der Partner legt sich nackt auf eine Matte oder auf eine Wolldecke auf den Boden. Er schließt seine Augen und nimmt sein Ein- und Ausatmen wahr, atmet immer tiefer und entspannter. Bei jedem Ausatmen legt er die Auflageflächen seines Körpers noch bewusster auf den Boden, als Ausdruck des Abgebens von Druck, von Belastungen und als Erinnerung, immer schon getragen zu sein. Die Partnerin setzt sich, auch nackt, bequem neben den liegenden Partner. Sie achtet auch auf ihren Atemfluss. Sie sorgt für sich und ihr Wohlbefinden, denn nur so kann sie dem Partner entspannt begegnen. Wer Verkrampfungsreflexe kennt, wenn er etwas besonders gut machen will, der versucht, sich immer wieder von diesem angstbestimmten Verhaltensmuster zu lösen. Wer unvollkommen und bruchstückhaft authentisch da ist, schenkt dem anderen mehr Lebens- und Liebesqualität als einer, der es perfekt-verkrampft machen will.

Der Empfangende atmet weiterhin achtsam ein und aus. Die Gebende berührt den Partner ganz, ganz langsam, im Zeitlupentempo von Kopf bis Fuß mit ihren Fingerspitzen. Zu Beginn legt sie beide Hände einen längeren Moment auf die Haare des Partners, danach beginnt sie ihn mit ihren Fingerspitzen sanft zu berühren, wie eine Brise eines leichten Sommerwindes. Sie beginnt bei der Stirn und gleitet sanft und locker über das Gesicht, den Hals, die Schultern, die Arme, die Brust, die Herzgegend, den Bauch, das Geschlechtsorgan, die Oberschenkel, die Knie, die Unterschenkel, die Füße.

Als Ausklang legt sie die linke Hand auf das Herz und die rechte Hand auf den Penis und spricht dem Partner folgende Segensworte zu:

»Dein Leib ist ein Kunstwerk Gottes.«

Im schweigenden Dasein atmen beide tief ein und aus. Danach wird gewechselt: Wer mit Fingerspitzengefühl den anderen berührt hat, legt sich hin, um sich bei jedem Ausatmen noch tiefer auf den tragenden Grund einzulassen und um nun selbst die Fingerspitzen des anderen genießen zu können. Als Abschluss dieses Segensrituals legt der Partner die linke Hand auf das Herz der Partnerin und die rechte Hand auf ihre Vagina und spricht ihr segnend zu:

»Dein Leib ist ein Kunstwerk Gottes.«

Als Ausklang tauschen sich die Partner aus, was guttut, was ungewohnt, unangenehm ist, was berührend nachwirkt.

Nackt sein
Zur eigenen Verletzlichkeit und Angst stehen

Hautnah eröffnet sich uns
eine vertrauensvolle Intimität
die unser Herz weitet
ins nackte Einssein

Hautnah ereignet sich in uns
eine große Verletzlichkeit
die sich sehnt und fürchtet
nach einem Aufgehen in der Hingabe

Hautnah fließen
unsere Tränen des Vertrauens
die den Schmerz verwandeln
in heilende Berührungen

Hautnah entlassen wir uns
in einen neuen Freiraum
der Verschiedenheit und Verbundenheit
alltäglich neu entfaltet

»Non, rien de rien, non, je ne regrette rien ...«, heißt eines der
schönsten Liebeschansons, aus dem Jahre 1960, das ich kenne.
»Nein, ich bereue nichts ... ich fange neu an mit dir ...«, singt
Edith Piaf in ihrem berührenden Lied. Ein Chanson, das von
Verletzlichkeit, von Ängsten, Ernüchterungen, Enttäuschungen
und von der Hoffnung auf einen Neuanfang erzählt. Die kraftvolle Stimme der französischen Chansonsängerin bringt die
ganze Intensität zum Ausdruck, die liebende Menschen beglückt und zugleich verletzlicher werden lässt. Wer sich einlässt auf das Wagnis einer Beziehung, der kann über sich selbst
hinauswachsen, hinein in eine beglückende Weite des Him-

mels. Wer nicht an sich selbst gebunden bleibt und bereit ist die Kontrolle aufzugeben, der kann zu sich selbst verwandelt und zugleich auf sich selbst zurückgeworfen werden. Wer sich nicht nur körperlich, sondern auch seelisch nackt in die Tiefe der Intimität hineinfallen lässt, dem öffnen sich neue Tore zum Glück, die einen all das Unerlöste, Blockierte, Schmerzvolle der eigenen Geschichte noch sensibler spüren lassen. Die chinesische Medizin lehrt uns, dass all die schönen und schmerzvollen Lebenserfahrungen in unserem Leib gespeichert sind. Je tiefer wir in das Geschenk und das Geheimnis der Liebe eintauchen, umso verletzlicher können wir werden. Diese Wirklichkeit führt uns auch in die Mitte einer spirituellen Erfahrung, die beglückend und verunsichernd sein kann. Ein Leben lang sind wir herausgefordert, diese Spannung wahrzunehmen, auszuhalten und anzunehmen. Schmerz, Verunsicherung muss nicht extra gesucht werden und darf schon gar nicht verherrlicht werden. Es geht einzig darum, diesen Spannungsbogen zu kennen, um nicht unnötig verunsichert zu sein, wenn diese Dimension der Liebe uns auch entgegenkommt. Im biblischen Hohelied wird diese Lebensweisheit poetisch ausgedrückt: »*Krank vor Liebe bin ich ... Herz und Verstand hast du mir verwundet ... mein Leben bricht auf*« (2,5; 4,9; 5,6). Die prickelnden erotischen Liebeslieder in der Bibel sind für mich durch diese Worte noch glaubwürdiger. Liebe wird nicht auf ein rosarotes Gefühl reduziert, sondern in ihrer ganzen Schönheit, Tiefe und Unbegreiflichkeit beschrieben. Wenn ich voll Dankbarkeit in diesem Buch mein Hohelied der Liebe besinge, dann tue ich es in dieser Grundhaltung, die das Dunkle nicht ausklammert, dem Leben und einer echten Liebe zuliebe.

Miteinander Ängste und Zweifel aushalten
die Kunst des Nichtwissens einüben
schweigend einander Hoffnung zusprechen

Gemeinsam unbekannte Räume durchschreiten
im Dunkel der Ungewissheit tastend unterwegs
einander neu sehen in der Finsternis

Miteinander hinabsteigen in bedrohliche Abgründe
Angst und Zerrissenheit einander zumuten
heilende Kraft aus der Tiefe erahnen

Gemeinsam unbekannten Pfaden nicht mehr
ausweichen
im Wahrnehmen der Verschiedenheiten
hineingeführt werden in eine intensive Nähe

Die Verwundbarkeit in der Liebe

Seit zwanzig Jahren vertiefe ich mich in mystische Texte. Sie sind mir zu einer befreienden Lebenshilfe geworden. In der mystischen Spur aller Religionen verheißen uns Frauen und Männer, dass wir durch die Liebe verwandelt werden können, um immer mehr so werden zu können, wie wir von Anfang an gemeint sind: Abbild Gottes. Sie ermutigen uns zu einem gesunden Lebens- und Arbeitsrhythmus, der von Nähe und Distanz, Engagement und Erholung geprägt ist. Sie erzählen uns, dass wir nicht von Gott getrennt sind, weil seine bedingungslose Liebe uns immer schon bewohnt und belebt. Sie bestärken uns zu einem selbstbewussten Weg, um eine echte Hingabe wagen zu können. Sie erinnern uns, dass wir alle Erfahrungen kennen, in denen wir voll da sind und ganz weg, mit höchster Präsenz selbstvergessen, aufgehoben in einem größeren Ganzen. Dieses Beflügeltsein ist nie zu haben, es ist kein Zustand, sondern ein unerwartetes Geschenk.

Ganz besonders tief berührt bin ich von den vielfältigen Erfahrungen, die von Gottesnähe und -ferne sprechen. Mechthild von Magdeburg (um 1207–um 1282) hat als erste Frau in deutscher Sprache ihre inneren Gotteserfahrungen aufgeschrieben. Atemberaubend sind ihre erotischen Gedichte mit Worten wie »Du bist mein Geliebter, meine Sehnsucht, mein fließender Brunnen ...«, zugleich spricht sie jene Erfahrungen aus, denen jede und jeder Liebende auch begegnen kann: »Ich bin verwundet auf den Tod von deinem feurigen Liebesstrahl ...« Wer sich liebend auf einen anderen Menschen einlässt, der kann erfahren, wie Glück und Schmerz ganz nahe beieinander sein können. Je mehr sich Liebende authentisch füreinander öffnen, umso glücklicher und verletzlicher können sie werden. Darum bestärken Liebende einander, auch wütend sein zu dürfen, weil in einer wohlwollenden Konfliktfähigkeit eine Beziehung wachsen und reifen kann.

Wut

führt mich in deine Nähe
erzählt von meiner Lebendigkeit
lässt uns liebend konfliktfähig sein

Wut

befreit uns aus dem Gefängnis
des zermürbenden Nichtgenügens
das mich verbiegt und einengt

Wut

stiftet gesunde Beziehung
entlarvt Schönrederei
nährt ehrliches Miteinander

Unendlich-begrenzte Liebe

Unsere Sehnsucht nach Liebe, Geborgenheit und Treue ist groß. Nie soll sie zu klein gehalten werden. Zugleich besteht unsere Lebensaufgabe darin anzunehmen, dass wir auf Erden immer nur begrenzt lieben können.

Seit Jahrhunderten erzählen spirituelle Frauen und Männer von ihrem Verwundetsein in der Liebe. Es ist eine Engführung innerer Vertrauenserfahrungen, wenn uns eine kosmische Einheit vorgegaukelt wird, in der alles Widersprüchliche und die Schattenseiten des Lebens schöngeredet werden. Ich kann ganz, mit Leib-Geist-Seele, Mensch sein, wenn ich gerade in der Liebe auch meine Zerbrochenheit zeigen kann. Im jüdischen Talmud heißt es tiefsinnig: »Nur ein zerbrochener Leib ist ein ganzer Leib.« Was für ein Widerspruch! Solche Worte befreien mich von einem Perfektionszwang, der uns auch in der sexuellen Gestaltung der Liebe fremdbestimmen will. Wir leben an uns selbst und am Geschenk der Liebe vorbei, wenn wir meinen, wir müssten immer sexy, geil, schlank, cool und potent sein. Eine beseelte Sexualität lädt ein, wirklich nackt sein zu dürfen, um sich nicht schämen zu müssen für seine Grenzen, seine Dünnhäutigkeit, seine Fehler, seine Verwundbarkeit. Diese Grundhaltung habe ich im Sammeln von vielen mystischen Texten in meinem Buch »Verwundet bin ich und aufgehoben. Für eine Spiritualität der Unvollkommenheit« entfaltet. Sie prägt auch mein Plädoyer für eine lustvoll-beseelte Sexualität.

Dorothee Sölle spricht vom Fenster der Verwundbarkeit: »Zur menschlichen Sexualität, als Liebe vorgestellt, gehört auch Vertrauen. Wir haben das Vermögen zu Ekstase und das Verlangen danach; dasselbe gilt für Vertrauen und Verlässlichkeit. Miteinander schlafen hat den doppelten Sinn von einander lieben und beieinander ruhen. Neben unseren progressiven Trieben und Wünschen haben wir auch regressive Bedürfnisse. Manchmal brauchen wir es einfach, uns verstecken, klein sein und unsere

Schwächen zeigen zu dürfen – so wie wir auch die Schwachheit des anderen ertragen. Vertrauen bedeutet, nicht der Verzweiflung verfallen, wenn wir zeitweise impotent oder frigide sind. Wir brauchen Trost. Die Erfahrung, schwach sein zu dürfen, ohne dass jemand uns beherrscht oder missbraucht, können wir nur in Beziehungen machen, die frei sind von Furcht oder Unterwerfung. Furchtlos kann ich nur sein, wenn ich auch schwach sein darf. ›Furcht ist nicht in der Liebe, sondern die völlige Liebe treibt die Furcht aus‹ (1. Johannes 4,18). Lieben zu lernen heißt, immer weniger Angst zu haben. Diese Vertrauensdimension der Liebe beruht auch darauf, dass wir unsere eigene Sexualität annehmen und bejahen.«[32]

In diesen Worten verdichten sich all die Grundwerte, die zu einer geerdeten Spiritualität gehören. Einer Spiritualität, in der unsere lustvolle Lebenskraft und unsere zerbrechliche Existenz keine Gegensätze mehr sind, sondern zu einer begrenzten Fülle bestärken, die unser Mitgefühl und unsere Solidarität fördern. Einander nackt begegnen können, lässt uns unvollkommen menschlich bleiben, damit die heilend-göttliche Kraft unsere Blockierungen lösen kann.

Durchgeschüttelt unsere Vertrauenskraft
verunsichert unsere Perspektiven

Schwere hüllt uns ein
verhindert wohltuende Begegnung

Krise: Chance und Gefahr für unsere Beziehung

Wir versuchen unseren Schmerz abzugeben
im Vertrauen auf die Kraft des Himmels
die uns immer schon bewohnt
auch wenn wir sie jetzt wenig spüren

Dieser Intensität von Sehnsucht und Verlorenheit, Schönheit und Zerbrochenheit begegne ich auch im Film »La vie en rose« (2006) von Olivier Dahan, der versucht, das abenteuerliche Leben von Edith Piaf zusammenzufassen. Pures Leben begegnet mir da, wie es in all ihren wunderbaren Chansons verdichtet wird. Die Schauspielerin Marion Cotillard verkörpert die Chanson-Legende in einer bezaubernden Art und Weise, die uns einlädt und zumutet, der Kraft und Bedrohlichkeit der Liebe im eigenen Leben nachzugehen. Ein Spannungsbogen, den wir auch in mystischen Erfahrungen finden können.

Im Innersten bewegt

Seit Jahrhunderten lassen sich Frauen und Männer im Innersten berühren. Sie lassen sich zu einer leidenschaftlichen Gottessuche bewegen, die sich ein Leben lang in der Spannung von Nähe und Distanz ereignet. Sie suchen nach Worten für das Unsagbare, das sich am besten in einem Paradox ausdrücken lässt. Die Mystikerin Teresa von Avila (1515–1582) spricht von einem »wegelosen Pfad« und der Mystiker Meister Eckhart (1260–1328) sagt treffend: »Um Gott zu finden, gibt es keinen besseren Rat, als ihn dort zu finden, wo man ihn loslässt.« Diese spirituelle Grundhaltung ist entscheidend, um auch in der Partnerschaft die Dynamik eines inneren Weges als Prozess verstehen zu können. Mystische Menschen verwenden dabei das Symbol der Stufen. Dieses Bild ist inspiriert von Jakobs Traum, der im biblischen Buch Genesis 28,10–22 aufgeschrieben ist: Engel gehen die Himmelsleiter auf und ab. Eine Verbindung zwischen Erde und Himmel ist möglich. Erfahrungen von anderen Menschen können uns eine Orientierung und eine Perspektive sein, doch es bleibt immer ein Auf und Ab. Gipfelerlebnisse sollen uns nicht vorenthalten werden, doch auf dem Gipfel lässt sich nicht leben. Echtes Leben führt immer wieder hinunter ins Tal. In unserer leistungsorientierten Welt darf das Sprechen von verschiedenen Stufen nicht fortschrittsgläubig verstanden werden. Gedanken wie »... immer mehr, immer höher, immer schneller ... wer auf der höchsten Stufe ist, darf auf keinen Fall wieder zurückfallen« nähren unseren Machbarkeitswahn und entfernen uns von Gottes bedingungsloser Liebe. Auch wer intensive Einheitserfahrungen erlebt und tief mit dem Göttlichen in Berührung kommt, wird mit den Herausforderungen des Alltags und der eigenen Widersprüchlichkeit konfrontiert.

»Ich lebe mein Leben in wachsenden Ringen ...«, schreibt der Dichter Rainer Maria Rilke (1875–1926). Er spricht mir aus dem Herzen, weil auch ich mein inneres Wachstum und Reifen in einem dynamischen und prozessorientierten Sinn deute. So werte ich mich nicht ab und spreche nicht von einem Rückfall, wenn ich wieder unten, auf dem Boden der Realität, ankomme. Der frühchristliche Theologe Hieronymus (347–420) sagt keck: »Lach nicht über jemanden, der drei Schritte zurückgeht, denn er könnte Anlauf nehmen!« Das mystische Sprechen von Stufen ist darum keine Methode, sondern die Deutung einer Dynamik, um innere Seelenbewegungen und partnerschaftliche Prozesse besser verstehen und einordnen zu können. Es geht nicht darum, einen anderen Lebensweg nachzuahmen oder zu kopieren. Denn mystische Wege ermutigen uns auf Schritt und Tritt, unseren ureigenen Weg zu finden. Die Fülle der Bewegungen hilft mir, die verschiedenen Stimmungen und Erfahrungen in der Gottessuche und im Gestalten meiner zwischenmenschlichen Beziehungen besser zu verstehen. Ich stelle einen mystischen Erfahrungsweg vor, als Ermutigung, Gott in allem zu suchen, zu finden und zu lassen. Diese Lebensweisheit einer Nonne kann inspirieren, den eigenen Partnerschaftsweg spirituell zu vertiefen.[33] Es ist schon sehr interessant zu sehen, dass klösterliche Menschen erotische Bilder verwenden, um tiefste Gotteserfahrungen ausdrücken zu können. Ich erkenne darin die Tatsache, dass das Religiöse und das Geschlechtliche unsere tiefsten Urkräfte sind, die uns beide auf das Göttliche verweisen. Wir dürfen mystische Er-

fahrungen nicht allein den zölibatär lebenden Menschen überlassen. Jeder Mensch hat einen unmittelbaren Zugang zum Ewigen. Darum sind alle Liebenden herausgefordert, die Gestaltung
ihrer sexuellen Liebeskraft spirituell zu vertiefen. Eine anspruchsvolle Aufgabe, die notwendig ist, um die Versöhnung von
Spiritualität und Sexualität zu verwirklichen. Ich ermutige jede
und jeden sehr, sich auf uralte Erfahrungen einzulassen, nicht
um sie zu kopieren, sondern um den ureigenen Erfahrungen
eine verbindende Tiefe zu ermöglichen. So können alte Texte uns
in einer Zeitlosigkeit begegnen, weil wir im eigenen Partnerschaftsweg das Spannungsfeld von Annäherung und Entfernung
freilegen können, damit wir entlastet werden zu einer authentischen Liebe.

Bewegt zur Liebe:
Beatrijs von Nazaret (1220–1268)

Beatrijs war Priorin im Kloster Nazaret bei Lier, in der Nähe von
Antwerpen. Ihre Sprache lässt eine starke Persönlichkeit erkennen, die alle Höhen und Tiefen eines inneren Weges kennt. Sie
ist geprägt von der Liebesmystik, wie sie auch beim Begründer
des Zisterzienserordens Bernhard von Clairvaux (1090–1153) in
seinen bekannten Predigten zum biblischen Hohelied der Liebe
entfaltet ist und von den Minnesängern. Ihre Sehnsucht nach
einer Gottesliebe, die sich in der Selbst- und Nächstenliebe entfaltet, drückt sie im Bild der Minne aus. Sie spricht von »Sieben
Graden der Minne« und meint damit verschiedene Erfahrungs-
aspekte der Seele, die sich gegenseitig ergänzen. Ihre Erfahrungen befreien zu einem bewegten Leben, in dem schöne und
schmerzliche Erfahrungen immer zu einer echten Gottessuche
gehören:

1. Sehnsucht: Wer sich auf das Wagnis einer Liebesbeziehung einlässt, der darf hoffen, dass er zu sich selbst verwandelt wird. Verwandlung wird möglich, wenn ich durch intensive Begegnungen mit dem anderen wahrnehme, wie ich wirklich bin. Achtsamkeit hilft mir, um auf der spannenden Entdeckungsreise mir und dem/der anderen neu zu begegnen.

2. Selbstlosigkeit: Echte Selbstlosigkeit kann sich nur entfalten, wenn ich ein Leben lang einübe, ich selbst zu werden. Einfach da sein zu können braucht Ich-Stärke und Vertrauen. Damit ich nicht fixiert auf mich selbst bleibe, hilft mir die Gabe, meine Bedürfnisse anzumelden, damit ich sie im Austausch auch wieder relativieren kann.

3. Verunsicherung: Wer sich dem Leben liebend in die Arme wirft (Luzia Sutter-Rehmann), wird zur Hoffnung bestärkt und wird verletzlicher, berührbarer. Je näher und intimer sich Menschen begegnen, umso intensiver erfahren sie, wie Glück und Schmerz, Vertrauen und Verlorenheit ganz nahe beieinander sind.

4. Berührung: Sternstunden sind uns verheißen, in denen wir ganz unerwartet aufgehen in einem größeren Ganzen. Kostbare Momente, in denen wir voll da sind und ganz weg. Bezaubernde Glückserfahrungen, die uns über uns selbst hinauswachsen lassen.

5. Verwandlung: Je mehr unsere Schutzpanzer aufgeweicht werden und wir unsere Kontrolle aufgeben, umso stärker werden wir von der Kraft der Liebe berührt, die jedoch nie zu haben sein wird. Es soll uns also nicht überraschen, wenn wir im grenzenlosen Meer der Glückseligkeit die Begrenztheit und Endlichkeit des Lebens noch mehr spüren.

6. Nähe-Distanz: Eine unglaubliche Spannung entfaltet sich, damit unser Leben spannend bleibt! Unsere Lebensaufgabe besteht darin, dieses Wechselspiel anzunehmen und zu integrieren.

Echte Gelassenheit beginnt mit der Kunst des Einlassens auf alle Facetten eines Beziehungsweges.

7. Glück: Versenkung ereignet sich, ein Aufgehen in der Liebe Gottes, das die Sehnsucht nach Hingabe noch größer werden lässt. Tiefe Einheitserfahrungen, in denen uns Raum und Zeit wie aufgehoben erscheinen, sind uns verheißen. Gottes Liebe gebiert sich in unserer erotischen Liebeskraft. So schließt sich der Kreis, der uns zum Anfang, zur ersten Erfahrung zurückführt!

Diese Zusammenfassung der »Sieben Grade der Minne« ist sehr dicht. Es lohnt sich, sie mehrmals und laut einander vorzulesen. Sie kann zu einem partnerschaftlichen Gespräch ermutigen, in dem wir versuchen, unsere eigenen Erfahrungen in dieser alten Lebensweisheit zu erkennen. In einer kritischen Haltung, weil eine gesunde Spiritualität uns einen Freiraum schenkt, in dem wir hinterfragen dürfen, mitschwingen können und unsere Ängste und Zweifel einbringen können. Wenn ich in meinen Seminaren mit dieser Zusammenfassung arbeite, dann bitte ich die Teilnehmenden, beim Lesen darauf zu achten, die sieben Aspekte nicht dualistisch (= trennend) zu lesen. Unbewusst sind wir in Gefahr, Selbst-, Nächsten- und Gottesliebe gegeneinander auszuspielen. Dadurch verraten wir die Kernaussage der christlichen Spur, die uns von der verrückten Hoffnung erzählt, dass Gott Mensch wird aus Liebe. Jesus von Nazaret hat uns aufgezeigt, dass wir nicht von Gott getrennt sind. Liebende Menschen können darum auch in ihrer erotisch-sexuellen Zuwendung die Menschwerdung Gottes in ihnen erahnen. Mich haben diese »Sieben Grade der Minne« von Beatrijs von Nazaret zu folgender Meditation inspiriert:

Hautnah
lässt die Liebe Gottes sich erfahren
als Quelle unserer sexuellen Hoffnungskraft
die unser Denken und Fühlen übersteigt

Leibhaft
ereignet sich das Einwohnen des Ewigen
in der liebend-leidenschaftlichen Begegnung
die uns zur Zärtlichkeit mit aller Kreatur bewegt

Bewegt
vom Lebensatem
lassen wir uns zutiefst berühren zum Vertrauen
im Aushalten vieler Ungewissheiten
im Hoffen in Ohnmacht
im Lieben in Verwundbarkeit

Du
bist unser erotischer Beweggrund der Liebe

Abgrenzung und Hingabe

Der Schweizer Theologe und Therapeut Peter Schellenbaum (*1939) hat 1984 sein Buch »Nein in der Liebe« veröffentlicht, das zum Klassiker geworden ist. Darin spricht er von »Glaubenssätzen des glücklichen Paares«, die auf Plakatwänden, Beziehungsannoncen, Kino- und Fernsehbildschirmen zu sehen sind. Engführend-festgefahrene Meinungen, die das Glücklichsein auf

Harmonie reduzieren: Glückliche Paare streiten und leiden nicht ... sie sind immer einer Meinung ... erfahren regelmäßig eine für beide Teile zufriedenstellende Sexualität.

Dieser Glückswahn hat seither zugenommen. Er entfernt uns vom wahren Glück, das ich wie folgt umschreibe: Glücklich bin ich, wenn ich jeden Tag auch unglücklich sein darf. Dies gilt auch für die Gestaltung einer Partnerschaft, in all ihren Dimensionen. Liebenden ist aufgetragen, aus Liebe auch Nein sagen zu können. »Aus Angst vor dem Nein können zwei Partner nicht mehr Ja zueinander sagen. Weil sie sich nicht abgrenzen können, können sie sich nicht mehr begegnen. Weil sie sich nicht sagen können: ›Jeder von uns hat einen eigenen Bereich, den er mit dem andern nicht teilt: eigene Anlagen, Interessen, Leidenschaften‹, können sie sich auch im gemeinsamen Mittelfeld nicht mehr treffen. Ein Indiz dafür ist die betrübliche Tatsache, dass Verheiratete oft frühere Freundschaften vernachlässigen und sogar aufgeben. Dabei würden gerade diese Freundschaften, vor allem auch Frauen mit Frauen und Männern mit Männern, die Hochschätzung und Pflege der individuellen Eigenart im Gegensatz zu dem, was Liebende verbindet, fördern«[34], schreibt Peter Schellenbaum. Er plädiert für eine erotische Lebenskultur, die vom unmenschlichen Druck befreit, auch in der Sexualität immer nur Hochgefühle zu erfahren.

Wohltuend-differenziert zeigt er zu Recht auf, dass der Eros viele Berufungen kennt: »Dem Eros ist es eigen, in verschiedenen Individuen verschiedene Formen der Liebe darzustellen und im Zusammenspiel all dieser Liebesformen die Menschheit als Gemeinschaft augenfällig zu machen. Waren Jesus, Franz von Assisi und Buddha bedauernswerte, verklemmte und neurotische Menschen, weil sie keine sexuellen Bindungen hatten? Menschen, die ihren Eros nicht in einer sexuellen Bindung ausdrücken, sondern in einer ›platonischen Liebesbindung‹ oder in der Hingabe an eine soziale, kulturelle oder religiöse Aufgabe, sind deshalb keineswegs asexuell. Sie haben manchmal im Gegenteil eine starke sexuelle Ausstrahlung ... Jeder Mensch kann die Erfahrung machen, dass die verschiedensten Formen der Hingabe, etwa in der tätigen Hilfe, im künstlerischen Ausdruck, im engagierten Gespräch und in der Sexualität, in ihm ähnlich belebende Gefühle des strömenden Einsseins hervorrufen, falls es wirklich Hingabe ist, die ihn bewegt, und nicht nur Selbstbestätigung.«[35]

Zwanzig Jahre später hat Peter Schellenbaum angesichts der zunehmenden Egoismusfalle ein weiteres Buch veröffentlicht mit dem Titel »Hingabe, die Grenzen sprengt – Ja aus Liebe«. Er entfaltet darin eine Schule des Eros, die bestärkt, bei sich zu sein und zugleich in Verbindung mit anderen zu bleiben. Die Liebe ermöglicht uns die Erfahrung der »Ent-Ichung«: »Es ist nicht so, dass ICH die Liebe ausströme, sondern es geschieht eine Verbindung: Liebe entsteht immer in einem Kreislauf, der zwei Menschen verbindet, also immer in einem ›Zwischen‹.«[36] Dies erinnert mich an die wunderbaren Worte von Martin Buber: »Es gibt keine echte Begegnung ohne Zwischenraum.«[37] In einer Welt, in der wir täglich mit einer Fülle von Worten, Bildern und Informationen überflutet werden, können wir Räume zum Innehalten nicht mehr voraussetzen. Wir brauchen Zwischenräume, damit wir uns selbst und anderen mit Wertschätzung begegnen können, auch in unserer erotischen Dimension. Es gilt eine Sprache zu finden, in der wir einander zuhören und die darauf achtet, nicht entwertend zu sprechen. Entwertung ist das Schlimmste. Sie beginnt mit Schuldzuweisungen und mit Rechthaberei. Der eigene Weg darf nicht wachsen auf Kosten der Abwertung des Weges der Partnerin. Im Gespräch gilt es unermüdlich achtsam wahrzunehmen, ob wir auch dazwischen hören, was wirklich gemeint ist.

Ein spiritueller Partnerschaftsweg bestärkt uns auch, uns vom gesellschaftlichen Druck des Perfektseins und der Schnelligkeit zu lösen: »Wir werden also mutiger, unmittelbarer, freier; wir kommen in die Lage, uns nicht äußeren Rezepten und Werbesprüchen zu beugen, sondern in Sexualität und Partnerschaft uns unmittelbar nach dem zu richten, was sich in uns als Einzelne oder als Paar gerade jetzt meldet.«[38] Zu diesem inneren, aufrechten Gang möchte ich alle Liebenden ermutigen, damit wir in unserer Intimität endlich (im doppelten Sinn) sein dürfen, kraftvoll und verwundbar.

Ernüchtert zurückgelassen
im Schmerz des Unverstandenseins

Erschrocken zurückgeworfen
auf verdrängte Schattenseiten

Erschüttert dünnhäutig
durch schmerzliche Verwundungen

Dein zärtlicher Kuss
weicht die Härte für kurze Momente auf

Danke

Dunkle Seite der Sexualität

Der deutsch-irische Schauspieler Michael Fassbender hat im September 2011 an den Internationalen Filmfestspielen in Venedig den Darstellerpreis für seine beeindruckende Schauspielleistung im Film »Shame« (2011) erhalten. Im beklemmenden Film von Steve McQueen begegnen wir dem blendend aussehenden Mittdreißiger Brandon, der besessen ist von Sex. Körperliche Nähe dient ihm paradoxerweise dazu, Intimität in einem ganzheitlichen Sinn fernzuhalten! Er sucht schnellen Sex, damit er sich nicht auf eine tiefere Beziehungsebene einlassen muss. Brandon fällt es leicht, Frauen ins Bett zu bekommen, er bleibt dabei aber kontrolliert-verzweifelt einsam. Seine Angst vor Nähe verunmöglicht es ihm, eine längere Beziehung einzugehen. In diesem eindrücklichen Film wird eine der großen Schattenseiten von Sexualität aufgezeigt, weil körperliche

Nähe ohne geistig-seelische Nähe uns paradoxerweise entfernen kann von uns selbst, von den anderen und unserem göttlichen Grund.

In vielen Romanen begegnen wir der dunklen Seite der Sexualität, die gewalttätig und zerstörerisch sein kann. In vielen Filmen wird eine »amour fou«, eine unmöglich-verrückte Liebesgeschichte entfaltet, die die ganze Ambivalenz dieser Lebenskraft mit ihrer bedrohlichen Seite aufzeigt. Dieser Aspekt darf in einer erotischen Spiritualität weder ausgeklammert noch verharmlost werden. Er ist jedoch kein Grund, die Sexualität zu verteufeln, wie dies leider immer noch geschieht. Der Philosoph Friedrich Nietzsche (1844–1900) hat vortrefflich auf diese leibfeindliche Tendenz hingewiesen: »Das Christentum gab dem Eros Gift zu trinken – er starb zwar nicht daran, aber entartete zum Laster.«

Es gehört zur großen Tragik jeder Religionsgemeinschaft, wenn (mehrheitlich männliche) Glaubenswächter die Sexualität mit leibfeindlichen Verboten zügeln wollen. Dadurch verbauen sie sich einen Dialog auf Augenhöhe mit einem Großteil der Menschen. Eine erstarrte Sexualmoral lässt unsere tiefe Sehnsucht nach einer ganzheitlichen Spiritualität verkümmern. Der Benediktinermönch Bede Griffith (1906–1993), der lange in Indien gelebt hat, bringt es auf den Punkt: »Sexualität ist viel zu wichtig, um sie ganz zu eliminieren, und sie ist viel zu wichtig, um leichtfertig damit umzugehen. Die einzige Alternative ist, sie irgendwie zu ›konsekrieren‹.« »Konsekrieren« verstehe ich als lebenslange Aufgabe, das Heilende und Heilige in der Gestaltung der Sexualität freizulegen und zu entfalten. Dazu braucht es den Mut, auch das Destruktive dieser Schöpfungskraft zu benennen.

Am 12. Mai 2011 erschien in vielen Tageszeitungen eine kleine Agenturmeldung mit folgenden Worten: »In der kriegsgeplagten Demokratischen Republik Kongo werden einer Studie zufolge täglich mehr als 1100 Frauen vergewaltigt. In einem Zeitraum von 12 Monaten in den Jahren 2006 und 2007 seien mehr als 400.000 Mädchen und Frauen zwischen 15 und 49 Jahren vergewaltigt worden, heißt es in einer Studie im ›American Journal of Public Health‹.« Ich habe laut geschrien beim Lesen dieser Schreckensnachricht. Ich habe sie als Mahnmal auf die zweite Seite meines Terminkalenders geklebt. Sie verschlägt mir die Sprache genauso, wie wenn ich lese, dass 200 Millionen (!) Kinder und Jugendliche sexuell ausgebeutet und versklavt werden. Himmelschreiend finde ich auch, dass so eine Meldung gerade noch 3 cm Platz erhält! Es ist nur die Spitze des Eisberges, der wir uns stellen müssen. Häusliche Gewalt und sexuelle Ausbeutung von Kindern, die mehrheitlich in der Familie geschieht – ich weigere mich von »Missbrauch« zu sprechen, weil dieses Wort unausgesprochen einen guten Gebrauch unterstellt! –, müssen schonungslos aufgedeckt und verhindert werden, sei es in Sportvereinen, Schulen, bei Heimkindern und in der katholischen Kirche, wie dies Wunibald Müller in seiner hervorragenden Analyse »Verschwiegene Wunden. Sexuellen Missbrauch in der katholischen Kirche erkennen und verhindern«[39] getan hat.

Weil wir auch in unserer Sexualität, wie in unserer ganzen Existenz, einer großen Ambivalenz und Widersprüchlichkeit begegnen können, brauchen wir keine abspaltenden, leibfeindlichen Belehrungen, sondern einen offenen, authentischen, vertrauensvollen Dialog, in dem unsere Erfahrungen und Wünsche ausgesprochen werden, damit sie gestaltet werden können. »Die Erotik Gottes. Menschen werden wir nur als Liebende«, heißt das spannende Buch des Theologen Johannes Thiele (*1954). Darin macht er Mut, all die Tabus zu brechen, die sich um Religion, Sexualität, Erotik und Transzendenz wie ein unbezwingbarer Wall gelegt haben. Er plädiert für ein erotisches Gottesverständnis, für einen Abschied von Gott, dem Herrscher, dem Fürsten, dem Allmächtigen: »Wenn wir Gott im Erotischen wahrnehmen wollen, müssen wir selbst ganz liebend werden. Liebe ist nicht wirklich Liebe ohne Verzicht auf Herrschaft, ohne dass wir abrüsten bis zur letzten Nacktheit, ohne dass wir verwundbar und berührbar bleiben. Die Erotik Gottes ist in der Liebe ohne Netz, ohne Bedingungen, in der liebenden Wahrnehmung des Menschen und der

Erde.«[40] Spirituelle Menschen öffnen das Fenster der Verwundbarkeit und sie stellen sich auch den dunklen Seiten ihrer Sexualität. Sie üben ein, über ihre Gefühle und ihre vielfältigen Fantasien zu sprechen, damit sie nicht von ihnen besetzt und bestimmt werden, sondern sie lebensbejahend annehmen und verwandeln können.

Ko-Abhängigkeit entlarven
Schonzeit beenden
einander in Würde begegnen
im Benennen von Grenzen

Trotz Verlustängsten
einander konfrontieren
gut eingespielte Muster aufdecken
die gegenseitige Entwicklung behindern

Unangenehmes und Dunkles aussprechen
einander zur Offenheit bestärken
Verunsicherungen nicht überspielen
authentisches Miteinander einüben

Nein sagen können aus Liebe
damit ein inneres Ja möglich wird

Vertiefende Übungen

Spiritualität ist wie eine Partnerschaft nie zu haben, sondern immer im Werden. Sie lädt ein, dem unmenschlichen Trend der Machbarkeit und der Schnelligkeit einen Kontrapunkt entgegenzuhalten. Ein spiritueller Weg ermutigt, in mehreren Monaten miteinander an einem Thema dranzubleiben, mit Bestimmtheit und Wohlwollen. Es ist uns sehr schnell einleuchtend, dass eine Kommunikation konstruktiver ist, wenn jede/r sich in Ich-Form und nicht mit »Man-Sätzen« einbringt. Doch es kann Jahre dauern, bis unsere Sprache, auch unsere Körpersprache, diesen Wandel vollzogen hat. Auf diesem langen Weg, der einer beharrlichen Geduld bedarf, kann Partnerschaft wachsen und reifen. Die folgenden drei Erfahrungstexte möchten beispielhaft eine Spur eröffnen, um über einen längeren Zeitraum einander im Vertrauen zu stärken, verwandelt werden zu können.

⋘ Blockierte Kommunikation

Wir wollten nur kurz unsere Termine koordinieren.
Wir reden aneinander vorbei.
Innerhalb kürzester Zeit entsteht ein mühsames Konfliktgespräch.
Schuldzuweisungen gewinnen die Oberhand:

»Du willst wieder recht haben.
Du bist immer abwesend.
Typisch, du bist wieder zu spät.
Dir gelingt es nie, Nein zu sagen.
Wann endlich änderst du dich?«

Wo eben noch eine lockere Stimmung zwischen uns war, blockiert sich nun unsere Kommunikation und unsere Lebensenergie. Ein Grummeln in der Magengegend meldet sich. Du wirst mir fremd, so unnahbar. Dieses Mal werde ich nicht nachgeben, du sollst endlich den ersten Schritt machen!

Unglaublich, wie schnell sich unser Handlungsspielraum einengen kann. Zum Glück spüren wir beide, dass wir so nicht weiterkommen. Wir entscheiden uns, das Thema auf Eis zu legen. So bleibt es frisch! Du gehst zum Krafttraining, ich kann meine Aggressionen im Putzen des Badezimmers ausleben.

Zwei Tage später löst sich die Spannung so unerwartet, wie sie sich ausgebreitet hat. Liegt es daran, dass jetzt jede/r von sich erzählt, Ich-Botschaften ausspricht? *»Steh auf und stell dich in die Mitte«* (Markus 3,3), mutet Jesus dem Mann mit der verdorrten Hand zu, damit seine heilende Kraft geweckt werden kann. Ich sehe darin die Einladung, in blockierten Gesprächen das freizulegen, was ärgert, verletzt, kränkt. Erst wenn etwas zum Vorschein kommen darf, wenn es ausgesprochen wird, kann unsere Beziehungskraft wieder fließen.

Wir machen einmal mehr ab, dass wir im Gespräch darauf achten wollen, keine verallgemeinernden Worte wie »immer – nie – endlich – schon wieder – typisch« zu verwenden und einander nicht ins Wort zu fallen. Wir bestärken einander, auszusprechen, wenn jemand »nur« laut denkt, damit die Aussage als eine von vielen Möglichkeiten verstanden werden kann.

Diese Grundhaltung gilt auch für die Abmachungen selbst. Wir wollen achtsam sein, dranbleiben, wohl wissend, dass es uns mehr oder weniger gelingen wird. Es lohnt sich, wachsam zu sein, damit sich in verdorrten Kommunikationsmustern ein heilendes Aufatmen entwickeln kann.

⟵ Verunsichert

Sich selbst und die Partnerin, den Partner zu lassen, ist wohl mit das Schwierigste im Leben. Der jüdische Religionsphilosoph Emmanuel Lévinas (1905–1995) sieht die Frucht einer reifen Liebe in der Integration der andauernden Nähe seiner Fremdheit: »Die Idee einer Liebe, welche das Ineinander-Aufgehen zweier Seiender wäre, ist eine falsche romantische Idee. Das Pathos der erotischen Beziehung besteht in der Tatsache, zu zweit zu sein, wobei der andere absolut anders ist ... der tägliche, immer stattfindende Tod des sich in sich selbst zurückziehenden anderen Menschen versetzt die Menschen nicht in sprachlose Einsamkeit, er ist es genau, der die Liebe am Leben erhält. Die Verzweiflung, die in ihr liegt, ist eine unerschöpfliche Quelle von Hoffnungen.«[41] Unglaublich starke Worte, voller Paradoxe, wunderbar! Sie sind nicht ein für alle Mal zu fassen. Es lohnt sich, sie miteinander zu vertiefen, zu hinterfragen, zu deuten ... Es bleibt eine lebenslange Aufgabe, die mehr oder weniger gelingt. Sich selbst und die anderen in ihrer Verletzlichkeit, ihrer Fremdheit und Bedürftigkeit ernst zu nehmen und zu lassen, ist eine hohe Lebenskunst. Der Dichter Rainer Maria Rilke schreibt: »Wir haben, wo wir lieben, ja nur dies: einander lassen; denn dass wir uns halten, das fällt uns leicht und ist nicht erst zu lernen.«[42]

Unsere Freundschaft bekommt Risse
Bewährtes trägt nicht mehr
Vertrautes verliert an Kraft
Leichtigkeit bleibt im Hintergrund

Dein Lebensrhythmus
spiegelt mir alte Lebensmuster
aus denen ich hinauswachsen will
auf meinem langen Weg zur Selbstliebe

Ich kann dich nicht ändern
du kannst mich nicht ändern –
wie gelingt es uns
einander Verwandlung zuzugestehen

Dich zu lassen
fällt mir sehr schwer
die Verschiedenheit
verdeckt das Verbindende

Trotzdem
wir wagen Konflikte
wir lassen einander
damit wir uns bleiben

Miteinander Ungewissheit aushalten

Im Chinesischen hat das Wort »Krise« zwei Bedeutungen: Chance und Gefahr. Eine alte griechische Lebensweisheit heißt: »Nur der Arzt, der selbst verwundet ist, kann wirklich heilen.« Der jüdische Religionsphilosoph Emmanuel Lévinas (1905–1995) sieht in der »andauernden Nähe der Fremdheit des anderen« die Chance zu einer reifen Liebe. Das bekannte Liebesgebot »Liebe deinen Nächsten wie dich selbst« umschreibt er anders: »Liebe deinen Nächsten; das bist du selbst … diese Liebe des Nächsten ist es, die du selbst bist.«[43]

In dieser Grundhaltung wird uns zugemutet, miteinander Durststrecken auszuhalten. Sie bergen die Chance, Spiritualität zu erden. Sie ermutigen, gut mit sich selbst und dem anderen zu sein. Verunsicherungen gehören zu einer gesunden Partnerschaft.

Nicht mehr abrufen können
was bis jetzt getragen hat
nicht mehr sich erinnern können
an gemeinsame Aufbrüche
kaum mehr einander
Verwandlung zugestehen

Eingemauert in der Angst
eingesperrt im Misstrauen
eingeschlossen im Verurteilen

Verschlossen die Herzenstüren
verriegelt die Vertrauenstore
einander trotzdem aushalten
stiftet unerwartet Zuwendung

RITUALE

Einander salben

Königinnen und Könige wurden mit kostbarem Öl gesalbt. Die ersten Christinnen und Christen haben es gewagt, in der Taufe jeden Menschen zu salben, damit seine einzigartige Kostbarkeit gefeiert werden kann. Bis heute wird in den Kirchen mit Salbungsritualen die einmalige Würde eines jeden Menschen hervorgehoben. Einander mit kostbarem Duftöl zu salben, kann auch in der Partnerschaft eine Stärkung sein:

An besonderen Tagen wie Geburtstag, Hochzeitstag o.Ä. wird ein Salbungsritual gefeiert: Meditative Musik hilft als Einstimmung, damit jede/r nachspüren kann, an welcher Körperstelle sie/er gesalbt werden möchte. Um gut im Leib anzukommen, schließen beide einige Minuten die Augen. Das tiefe Ein- und Ausatmen lässt die Gedanken wie Wolken vorbeiziehen. Nach dem Öffnen der Augen, umarmen sich beide zärtlich-fest. Einer beginnt und zeigt dem anderen die Stelle am Körper, an der sie gesalbt werden möchte. Der Salbende wärmt zuerst mit dem Auflegen seiner Hand die genannte Körperstelle und salbt sie danach mit Duftöl. Beim Salben kann ein Kreuzzeichen, eine Kreisbewegung, ein leichtes Massieren ausgewählt werden. Ein einfacher Segenswunsch wird ausgesprochen wie: »Ich salbe dich, weil du einmalig und kostbar bist.« Oder: »Diese Salbung lasse dich den zärtlichen Segen Gottes hautnah erfahren.« Oder: »Lass dich salben als Zeichen unserer Liebe, die uns vom Himmel geschenkt ist.«

In schwierigen Konfliktsituationen oder Situationen, in denen alte Verwundungen aufbrechen, braucht es nicht nur klärende Worte, sondern auch berührende Gesten wie das gegenseitige Salben mit Worten wie: »In deiner Verletzlichkeit und Dünnhäutigkeit erinnere ich dich, dass du einzigartig bist.« Oder:

»Lass dich salben, als Ausdruck der Hoffnung, dass deine innere Wunde geheilt werden kann. Du bist mehr als deine Verwundungen, den heilenden Atem Gottes darfst du durch diese Salbung erfahren.«

Einander verzeihen

»Wenn du nicht vergeben kannst, vergibst du viel ...«, singt Xavier Naidoo im Lied »Seelenheil«. Klarer kann nicht ausgedrückt werden, dass wir uns selbst, der Partnerin, der Liebe im Wege stehen, wenn wir nicht immer wieder die heilsamen Worte »es tut mir leid« aussprechen. In schwierigen und längeren Konfliktsituationen, in denen wir zu sehr sehen, was nicht passt, und zu wenig unser Augenmerk richten können auf das, was verbindet, braucht es die Stärke, einander immer wieder verzeihen zu können. Das Lied von Xavier Naidoo kann eine Unterstützung sein zu einer Partnerübung, in der jede/r aufschreibt, was er am anderen schätzt und womit er sich schwertut. Anerkennung und Kritik sind zwei wichtige Aspekte auf einem partnerschaftlichen Weg.

Heiliges Begehren

Voller Erwartung nichts erwarten

Wir lassen uns fallen
tief in den Fluss der Liebe
fall in love
tomber amoureux

Wir halten uns
wir entgleiten uns
wir entsprechen uns
wir entlassen uns

Wir trauen uns
unterwegs sind wir daheim
geborgen im Ungewissen
gehalten im Werden

Verwurzelt im Ewigen
ist unsere Liebe
sie erweckt uns zum
Dasein im Jetzt

»Einmal wissen, dieses bleibt für immer, ist nicht Rausch, der schon die Nacht verklagt ... einmal fassen tief im Blute fühlen, dies ist mein und es nur durch dich ...«, höre ich im Lied »Am Fenster« der deutschen Musikgruppe City, die 1972 in Ost-Berlin gegründet wurde. Dieser Song berührt mich immer wieder. Er führt mich in meine große Sehnsuchtskraft, die hautnah erlebbar und unstillbar ist. Er lässt mich mein heiliges Begehren spüren, das ganz tief zu uns Menschen gehört.

Im schwedischen Film »Wie im Himmel« (2005) von Kay Pollack befindet sich eine unglaubliche Szene, in der ein verheirateter Pastor sich das Begehren verbietet. Seine Frau Inger sagt ihm:

»Stig, die Kirchen haben aus der Sexualität eine Sünde gemacht, nicht Gott. Ich liebe dich. Solange ich dich kenne, so lange schon. Du sollst wissen, dass ich mich bis jetzt immer zurückgehalten habe, und das will ich nicht mehr tun ...« Durch diese Worte kann Stig sich gehen lassen und beide erleben eine genussvoll-wilde Nacht. Am nächsten Morgen betet der Pastor: »Jesus, vergib mir meine Schuld, vergib mir, dass ich dich nicht über alles gestellt habe ...« Als seine Frau ihn voll staunender Dankbarkeit mit funkelnden Augen ansieht, weil sie so lange auf dieses heilige Begehren gewartet hat, sagt ihr Stig folgende vernichtende Worte: »Inger, was heute Nacht zwischen uns geschehen ist, was da war zwischen uns diese Nacht, das ist nie geschehen ...«

Diese schrecklichen Worte sprechen Bände! Unzählige Menschen, die sich durch eine Sexualmoral vom tiefsten Liebesgrund entfremden ließen, der sich immer auch in der Kraft des Begehrens ausdrückt, denken ähnlich. Unser Begehren kann sich in der Enge der Begierde festmachen. Begierde will besitzen, Begehren öffnet Herzenstüren. Begierde bleibt in der Haben-dimension stecken, Begehren will uns in die Tiefe des Seins führen, wo wir die Kontrolle aufgeben können. Begehren bringt uns mit unserer tiefen Sehnsucht nach Ankommen und nach Aufgehobensein in Verbindung. Ein Leben lang werden wir in der Spannung von Begehren und Begierde bleiben. In unserem Begehren finden sich vielfältige Motive, die uns zu einem Menschen hinziehen. Diese Lebensweisheit fasst auch Elke Pahud de Mortanges (*1962) in ihrem spannenden Buch »Unheilige Paare? Liebesgeschichten, die keine sein durften« zusammen. Bei Paaren wie Heloise und Abelard, Nelly und Karl Barth und Charlotte Kirschbaum, Luise Rinser und Karl Rahner wird uns gespiegelt, dass wir ein Leben lang aufgerufen sind, die Kraft des Eros in unserem Leben zu integrieren, in welcher Lebensform wir uns auch befinden. Elke Pahud de Mortanges schreibt: »Scheitern und Gelingen haben ihre je eigene Scham und Beschämung. Die Gründe dafür auf einen einzigen Aspekt zu reduzieren – ob das, was das Herz dieser Menschen-Paare weit und ohne Grenzen machte, ›nur‹ eine geistliche, platonische amitié oder aber ›mehr‹ war – greift viel zu kurz, weil Intimität auf Sexualität reduziert respektive mit dieser verwechselt wird. Dabei zeigen doch alle Geschichten, dass intime Nähe und vertrauter Verkehr nicht nur oder ausschließlich aus dem Ros des Begehrens wächst, sondern in gleicher Weise aus dem geteilten Eros des Glaubens und Denkens.«[44] Diese ganzheitliche Sicht kann uns bestärken, unsere Begierde immer wieder in ein heilsames Begehren verwandeln zu lassen. Der Theologe und Psychotherapeut Wunibald Müller (*1950) schreibt in seinem kraftvollen Buch »Küssen ist Beten« dazu wohltuende Worte: »Liebe zeigt sich unter anderem im Dasein füreinander, in der Treue zueinander, in der Verantwortung und im Respekt füreinander. Liebe kennt aber auch das Sinnenhafte, die Leidenschaft, das Brennen und Begehren. Das aber ist etwas Wunderbares, Gott-Gewolltes, Gott-Volles, ein kostbares und einzigartiges Geschenk. Es gehört zu dem Schönsten und Tiefsten, was wir Menschen als Gabe besitzen. Dieses Sinnenhafte, Leidenschaftliche, Brennen und Begehren lässt uns innerlich erzittern, lässt uns Ergriffenheit erfahren und vermittelt uns eine Ahnung von dem, was es heißt, vom Heiligen berührt zu werden, das ganz Andere, das Numinose zu erfahren.«[45]

Auch in den mystischen Texten finden wir Umschreibungen dieses Brennens nach einer Vereinigung mit Gott. Der große persische Sufimystiker Rumi (1207–1273), dessen Sohn den Orden der Tanzenden Derwische begründete, erzählt, wie er vom Feuer der Liebe Gottes verbrannt wird: »Ich brannte, ich brannte, ich verbrannte.« Und die temperamentvolle spanische Mystikerin Teresa von Avila (1515–1582) schreibt in ihren Gedanken zum biblischen Hohelied, zum Vers »Er küsste mich mit den Küssen seines Mundes«, folgende Klarstellung: »Ich bekenne, dass es viele Verstehensebenen hat; doch die Seele, die in rasender Liebe entbrannt ist, möchte von keinem etwas wissen, sondern diese Worte sprechen. Ja, so ist es.«[46] Auch in mystischen Erfahrungen zölibatär-liebender Menschen sind alle Dualitäten aufgehoben. Der ganze Mensch ist als Einheit von Körper, Geist und Seele hineingezogen und »orgasmisch bis in jede Körperzelle vibrierend«, wie die Psychoanalytikerin Brigitte Dorst aus Köln schreibt. Daher erklärt sich, dass mystische Frauen und Männer für ihre intensive Gotteserfahrung die Sprache des Eros brauchen. Dadurch öffnet sich eine verbindende Spur zu einer mystischen Deutung unseres Begehrens und unserer sexuellen Liebeskraft. Das eine darf nicht mehr gegen das andere ausgespielt werden, wie es auch Brigitte Dorst betont: »Mystik ist nicht sublimierte und kompensierte Sexualität, weit eher lässt sich umgekehrt sagen, dass in der Beglückung der sexuellen Erfahrungen eine Ahnung und ein Widerschein des Göttlichen spürbar wird.«[47] Mehr noch, auch durch eine beglückende Gestaltung unserer Sexualität können wir Momente der tiefen Gottesvereinigung erfahren, weil wir nicht von Gott getrennt sind. Der anatolische Dichter und Sufi-Meister Yunus Emre (1241–1321) sagt es kurz und bündig:

»Wenn du Gott suchest
 suche Ihn im eignen Herz nur
 – er ist nicht in Jerusalem, in Mekka ...«[48]

Erstaunlich, wie Yunus Emre es wagt, die Gegenwart Gottes zuallererst im eigenen Herzen zu sehen und nicht an den großen Pilgerorten. Natürlich lässt sich der Lebensatem Gottes an jedem Ort erfahren. Weise Frauen und Männer bestärken uns, ihn nicht nur im Außen, sondern zuerst in unserem eigenen Innersten zu erfahren. Gottes Nähe wird uns auch geschenkt in unseren hautnahen Berührungen.

Deine Zungenspitze berührt meine Lippen
all meine Sinne regen sich
hellwach vergesse ich mich
wir sind aufgehoben im Urgrund der Liebe

Deine Augen-Blicke verwandeln mich
durchbrechen meine Angst vor Nähe
führen mich in die Tiefe meines Selbst
erwecken mich zu einer wilden Zärtlichkeit

Deine Fingerspitzen berühren meinen ganzen Leib
mein Misstrauen wird aufgebrochen
wir brechen auf in jenen göttlichen Raum
der uns immer schon beheimatet
im Geheimnis der Liebenden

Du schenkst mir Ansehen
befreist mich zum einfachen Dasein
nackt begegnen wir uns
eingehüllt im Lebensatem

Slow Sex

Im Gespräch mit jungen Erwachsenen fällt mir auf, wie offen und befreit sie von ihren sexuellen Erfahrungen sprechen, zum Glück! Zugleich nehme ich wahr, dass auch bei diesem zentralen Lebensbereich ganz subtil der Druck nach »immer schneller, immer besser, immer machbarer ...« wächst; nicht nur bei jungen Menschen. Seit Jahren nehmen die Artikel und Bücher zum Thema »Slow Sex« zu. Sie stammen nicht aus einer Ecke, die uns ein lustvolles Genießen nicht gönnen will, ganz im Gegenteil. Langsamer Sex will uns den Druck nehmen, im Zack-Zack-Verfahren auch noch nebenbei Sexualität vor allem als Energieentladung zu verstehen. Einander wirklich genießen zu können, braucht Langsamkeit. Damit der Sex nicht langweilig wird, brauchen wir Lange-Weile, Atempausen, damit neue Fantasien uns überhaupt erreichen können, Wünsche erfüllt werden können, Genuss ausgekostet werden kann. In einer Welt, in der wir durch berufliche Herausforderungen in einer großen Anspannung leben, brauchen wir eine besondere Sensibilität, um uns auch in der sexuellen Gestaltungsvielfalt wirklich entspannen zu können.

In einer Schweizer Männer-Zeitung zum Thema »Alles über Sex« plädieren eine Ärztin und ein Arzt, beide klinische Sexologen, für ein Zusammenspiel von Körper und Seele, für eine neu entdeckte Körperlichkeit und für neue Formen der Erregung, die weniger angespannt und fließender den ganzen Körper mit einbeziehen. Männern empfiehlt darum Peter Gehrig ein Spiel feiner bis heftiger Bewegungen, langsamer bis rascher Rhythmen mit sich ändernder Muskelspannung. Der tief durchatmete und bewegte Körper ist stärker durchblutet, lebendiger und besser spürbar als der angespannte Körper.

Genau darum geht es auf einem spirituellen Weg: Widerstand zu wagen gegen eine unmenschliche Schnelligkeit, in der wir kurz atmend nicht mehr präsent sind, sondern innerlich getrieben, um von einem zum anderen zu hetzen. Karoline Bischof Guscetti ergänzt: »Wenn du begehrt werden willst – begehre!« Wesentlich ist, dass beide sich gut spüren. Mancher hat Angst, sich um die eigene Wahrnehmung zu kümmern, das sei egoistisch. Das stimmt gar nicht! Nur wer sich selbst gut spürt, kann auch die Partnerin, den Partner gut wahrnehmen. Diese Grundhaltung schließt die Verschiedenheit nicht aus: »Es hilft, wenn der Mann versteht, wie die Frau sexuell funktioniert. Weibliche Erregung ist anders als männliche. Vielen Männern ist es wichtig, zu spüren, dass ihr Penis funktioniert, dass er steif wird – sie wünschen sich daher bald direkte genitale Stimulation. Bei Frauen baut sich die Lust dagegen eher über den ganzen Körper auf. Also nicht gleich bei der Klitoris beginnen, sondern den ganzen Körper einbeziehen, den Appetit auf genitale Berührungen wachsen lassen.«[49]

Meditativ gestaltete Sexualität, in der das Innehalten, die Muße, die Langsamkeit, die Langeweile ihren natürlichen Platz findet, lässt uns Sexualität immer mehr als Segen erfahren. Segen ist nie nur Zuspruch, sondern immer auch Widerspruch. Segen stellt sich der Machbarkeit, einer grenzenlosen Gier entgegen, die den anderen vor allem als Objekt sieht, und öffnet unsere Herzenstüren für eine himmlische Lust, in der langsames Auskosten und wilde Ekstase kein Gegensatz mehr sind. Ein langsames Hineinspielen in zarte Berührungen und ein unaufhaltsames Überwältigtsein ergänzen sich. Der reformierte Theologe und Sexualberater Christoph Walser (*1961) entfaltet in dieser Ausgabe der Männerzeitschrift Sex als Gabe und Segen, die ihn zu einem Hohelied des Dankes inspirieren: »Danke für die Schönheit und Vielfalt des Männlichen und Weiblichen. Danke für das großartige Potenzial der Erregung in unserem Beckenraum und für die pralle Kraft und gleichzeitig hohe Sensibilität unseres ›kleinen Mannes‹. Danke für die Fähigkeit, mit Bewegungen, Spannung und Entspannung und mit dem Atem die Erregung zu steigern und in den ganzen Körper strömen zu lassen, bis zum Orgasmus. Danke für alle unsere Sinne, die es ermöglichen, die Lust in einem wunderbaren Gesamtkunstwerk von Kopf bis Fuß zu sehen, zu hören, zu riechen, zu schmecken und zu fühlen. Danke für die Gabe, in völliger Freiheit sexuell zu fantasieren. Danke für die Lust zu begehren, zu verführen, zu berühren, zu streicheln, zu massieren, zu küssen, zu penetrieren und zu umarmen, und für die Wonne, mit alldem auch selbst verwöhnt zu werden. Danke für den Segen der Fruchtbarkeit, die so vielen Männern ermöglicht, neues Leben zu zeugen. Danke für das Geschenk und die Vielfalt unserer Sexualität, die uns eine tiefe, einzigartige Befriedigung als Mensch und Mann erleben lässt. Danke!«[50]

Das gemeinsame Kultivieren einer Spiritualität der Dankbarkeit und der Wertschätzung erwartet uns, damit die zerstörerische Spaltung zwischen Sexualität und Spiritualität in unserem Denken und in unserem Körper überwunden werden kann. Eine erotische Lebenskultur lässt uns auch die Schönheit Gottes feiern.

Du brichst unsere einengenden
Schönheitsvorstellungen auf
öffnest unsere Augen und unser Herz
für die vielen Schönheitsfunken
die uns zum staunenden Dasein befreien

Du offenbarst Deine Schönheit
in der erotischen Kraft der Liebenden
die Dich ganzheitlich erfahren
im zärtlich-leidenschaftlichen Spiel
das zur Hingabe an die Liebe bewegt

Du weitest unseren Blick
für Deine wunderbare Schöpfung
die uns mit innerer Kraft erfüllt
für eine gerechte Verteilung aller Güter
für einen einfachen Lebensstil

Tantra als Inspiration

»Kein religiöser oder spiritueller Weg weist so sehr den Frauen
die entscheidende Rolle zu wie – jedenfalls in ihren Ursprüngen
– der Weg des Tantra ... Tantra ist ein spiritueller Weg oder religiöser Weg, der Sexualität einbezieht, gutheißt und für die Trans-
formation nutzt ... Tantra ist ein mystischer Weg, ein Weg der
Vereinigung mit dem Ganzen – und unter diesen Wegen vielleicht der leichteste und schwerste zugleich«[51], schreibt Wolf
Schneider, der Chefredakteur der Zeitschrift »Connection. Lebens-

kunst – Weisheit – Heilung«. Tantra lädt im Gestalten der Sexualität ein, achtsam und bewusst den eigenen Impulsen zu folgen, und es konfrontiert uns wie jede andere echte spirituelle Spur mit den eigenen Schattenseiten.

Tantra heißt »weben« und »Ausdehnung«. All die vielfältigen und widersprüchlichen Erfahrungen unseres Lebens möchten zu einem Ganzen verwoben werden. Diese Grundhaltung weitet unsere (auch sexuellen) Fixierungen, dehnt sie aus, damit Blockierungen gelöst werden können und unser Energiefluss gefördert wird. Im Klassiker »Tantra oder die Kunst der sexuellen Ekstase« entfaltet Margot Anand verschiedene Aspekte einer tantrischen Lebensweise wie sich selbst lieben lernen, die Schuldgefühle fallen lassen, die Spontaneität genießen, die Lust pflegen, die Meditation entdecken. Entscheidend ist im Vertiefen all dieser Lebensthemen, dass wir unsere sexuelle Kraft als spirituelle und heilige Gabe und Energiequelle sehen. Wenn sie nämlich nur als ein rein körperlicher, instinktiver Trieb verstanden wird, dann erfährt sie zu wenig Wertschätzung und Tiefe. Margot Anand schreibt: »Sexualität wird oft missbraucht und mit persönlicher Macht verknüpft – das Dominieren des einen Geschlechts über das andere – sowie der Vorstellung von Eroberung. Der spirituellen Dimension beraubt, wird sexuelle Energie unterdrückt und richtet sich schließlich gegen das Leben selbst … Die meisten von uns übernehmen in der frühen Kindheit Einstellungen, die die Sexualität verdammen, ohne sich dessen bewusst zu sein. Diese Konditionierungen verkrüppeln unsere Spontaneität, unseren Ausdruck sexueller Lebendigkeit, unsere Lust und unsere Fähigkeit, einander zu lieben und zu achten.«[52] Zum Glück sind für viele die Zeiten vorbei, in denen Sexualität verdammt wurde.

Damit ist jedoch eine spirituelle Vertiefung der Sexualität als Geschenk des Himmels noch nicht freigelegt. Der Mönch und Zen-Meister Willigis Jäger (*1925) betont diesen Auftrag auch: »Bis heute haben jedoch weder die Religionen des Westens noch die wenigsten Religionen des Ostens die Spannung zwischen Körper und Geist gelöst. Dies zeigt sich insbesondere in ihrer Einstellung zur Sexualität. Der Tabuisierung des Geschlechtlichen liegt eine bestimmte Haltung zur Welt und zur Natur zugrunde. Die christliche Tradition erachtet die Welt und damit Natur und Körper als getrennt von Gott und Geist, und daher gilt ihr vielfach die Freude des sexuellen Erlebens als minderwertig. Gott wurde zu einem moralischen Sittenwächter gemacht, und die Vorstellung von einem erotischen, liebenden, zeugenden und empfangenden Gott ist dem Christentum gänzlich abhandengekommen. Im Daoismus und im tantrischen Buddhismus hingegen ist die sinnlich-sexuelle Dimension in das Spirituelle einbezogen, und manche Anweisungen für den Liebesakt in daoistischen oder tantrischen Schriften lassen an Anweisungen für den Empfang eines Sakramentes denken. Dies ist für viele Christen unvorstellbar. Doch was ist ein Sakrament anderes als ein im Außen sichtbar gemachtes Zeichen für eine innere Wirklichkeit? Genau dahin verweist auch die Vereinigung von zwei Menschen – auf ein Sakrament, in dem die Einheit von Gott und Mensch, von Geist und Materie erfahrbar wird.«[53]

Diese segnende und verbindende Spur kann uns aufatmen lassen. Sie ist mit Leib-Geist-Seele als nährend-liebende Kraft erfahrbar, die Menschen heilende Momente schenkt. Meine Gedichte möchten zu heilsamen Feiern inspirieren, in denen eine von Liebe erfüllte sexuelle Intimität als Sakrament gefeiert wird:

Echte Intimität

schenkt berauschende Lust

lässt verborgene Wunden aufbrechen

umhüllt uns mit einem Vertrauenskleid

Befreiende Intimität

bestärkt uns zur Konfliktfähigkeit

durchbricht unseren Schongang

schenkt uns wohltuende Klarheit

Zärtliche Intimität
legt verunsichernde Ängste frei
spült vergrabene Konflikte hoch
ermutigt zum authentischen Dasein

Reife Intimität
akzeptiert Polaritäten in uns
als Wachstumschance zu
einer verbindenden Verschiedenheit

Endlich
sein dürfen
mit unserer Liebeskraft
mit unserer Zerbrochenheit

Tantra kann uns inspirieren, die genitale Fixierung aufzuweichen, damit uns die vielen kreativen Facetten sexueller Lust geschenkt werden können. Tantra ist ein anspruchsvoller Übungsweg, der uns in eine lebensbejahende Spannung führt, dass das Wesentliche nicht machbar ist. Es bedeutet, voller Erwartung nichts zu erwarten! Loslassen ist das größte Ziel eines spirituellen Weges. Darum sind wir herausgefordert, auch dieses Ziel zu lassen! Viele solcher paradoxen Aussagen finden sich auch bei Margot Anand wieder: »Ich werde Sie immer wieder bitten, sich mit ganzer Kraft auf die Übung einzulassen und sich dann den Wirkungen einfach hinzugeben. Denken Sie daran, dass Sie die Wirkungen nicht mit dem Willen erzwingen können. Das Gleiche gilt für die Ekstase. Sie können einfach nur die richtigen Bedingungen dafür schaffen, dass Ihnen Ekstase widerfährt. Aus diesem Grund sind viele westliche Liebende in ihren Bemühungen um ekstatischen Sex so frustriert. Sie versuchen Ekstase durch Willensanstrengung und Kontrolle zu erreichen, wo es in

Wirklichkeit darum geht, intensive Erfahrungen zu kreieren, deren unmittelbare Wirkung in Entspannung und Loslassen besteht.«[54] Es geht um die hohe Lebenskunst »eines tiefen Loslassens, das durch ein bewusst kontrolliertes Vorgehen erreicht wird«[55]. In diesen starken Worten verdichtet sich der Kern eines spirituellen Weges, der in all unseren Lebensvollzügen entfaltet werden möchte. In unserer Arbeit, Freizeit, im Alleinsein und im Gestalten unserer Beziehungen, im Engagement und in der Stille braucht unsere Seele eine Trainingsspur, die nicht mit einer verkrampften Leistungshaltung verwechselt werden darf. Armin Christoph Heining (*1960) hat nach seinem Weggang aus einem Benediktinerkloster bei Margot Anand »SkyDancingTantra« entdeckt. Nach seiner Ausbildung als Tantralehrer übertrug er diesen Weg mit der Bezeichnung »Gay-Tantra« in den Bereich homosexueller Männer. Seit 1992 unterrichtet er in verschiedenen Ländern Männer, die eine Verbindung von Homosexualität und Spiritualität suchen.[56]

Ein gesundes Maß zu finden zwischen Übung und Spontaneität, ist jedem Paar aufgetragen. Auch wer sich nicht auf einen intensiven Tantra-Weg begeben möchte, der kann in einem Tantrabuch oder -kurs eine Fülle von Inspirationen entdecken. Die Fülle der Sex-Ratgeber, die publiziert werden, zeigt, wie groß die Suche nach einer entspannten Gestaltung unserer sexuellen Liebeskraft ist, in der zum Beispiel durch Massage die Langsamkeit eine Chance hat. Miteinander als Paar in der Verschiedenheit und mit Klugheit jene Spur entdecken, die der eigenen Intuition, dem eigenen Wesen und den eigenen Wünschen entspricht, ist Ziel eines gesunden spirituellen Weges, der sich kritisch durch bewährte Erfahrungswege inspirieren lässt.

Wertschätzung des Körpers

Die verschiedenen spirituellen Wege, die wir in einem interreligiösen Dialog finden können, lassen uns nebst der Verschiedenheit viel Verbindendes entdecken. Auch wenn für mich zum Beispiel die sexuellen Ausschweifungen der indischen Götter nicht befreiend und schon gar nicht heilsam sind, so schätze ich im Hinduismus die Einladung, Sexualität als allerhöchstes Gut zu sehen. Der Hinduismusexperte Vanamali Gunturu (*1956) schreibt in seinem Buch »Heiliger Sex. Die erotische Welt des Hinduismus«: »Auf die Hygiene des Körpers muss man achten, ihn mit duftenden Ölen massieren, mit den besten Seifen und Shampoos waschen, mit Blumen und Duftstoffen verwöhnen. Für seine Gesundheit soll der Mensch schwimmen, reiten, spielen und ihn mit den gesündesten Speisen versorgen. Vor allem aber braucht der Körper guten Sex.«[57] Diese lebensbejahende Sicht ist auch im Hinduismus nicht überall erfahren worden. Nicht nur die eigene Tradition soll immer wieder kritisch angeschaut werden, sondern auch die anderen Religionswege. So schreibt Volker Zotz, Professor für Philosophie und Religionswissenschaften an der Universität Luxemburg: »Ein großer Teil der indischen Spiritualität hat die Sexualität mindestens so restriktiv betrachtet, wie das in Europa der Fall gewesen ist, und eher die zölibatäre Lebensweisheit als das Höchste propagiert.«[58]

Wir brauchen keinen elitären und kostspieligen Körperkult, sondern ein aufmerksames Hören auf die Körpersprache, weil unsere Seele durch unsere Gesten spricht. Unser Körper lügt äußerst selten und er zeigt uns durch seine Begrenztheit, wie wir einen gesunden Lebensrhythmus einüben können. Er wird möglich durch einen Bewusstseinswandel, in dem wir uns nicht mit unserem »Ich«, unserer Ego-Ebene identifizieren, sondern uns erinnern, dass wir mehr sind als unsere Gedanken und unsere Leistung. Der irische Philosoph John O'Donohue (1956–2008) bringt es in seiner keltischen Weisheit auf den Punkt: »Wir sollten diesen verfehlten Dualismus, der die Seele vom Körper scheidet, vermeiden. Die Seele ist nicht einfach im Körper verborgen in irgendeinem versteckten Winkel. In Wahrheit verhält es sich gerade umgekehrt: Der Körper ist in der Seele und die Seele durchdringt uns vollständig. Deshalb ist jeder von uns von einem geheimen herrlichen Seelenlicht umgeben.«[59]

Dieser Bewusstseinswandel kann die Gestaltung unserer Sexualität verwandeln. Was für ein Genuss, wenn in der sanft-lustvoll-wilden Begegnung zweier Körper zwei Menschen sich erinnern, dass diese Körper in der Seele aufgehoben sind und durch die Seele atmend durchdrungen sind. Welch berührende Begegnungen könnten uns geschenkt sein, wenn wir das Seelenlicht, das jeden Körper umgibt, immer neu entdecken. Es wird möglich, wenn wir in unserem Begehren eine heilend-göttliche Kraft spüren, die uns einlädt, endlich sein zu dürfen, ohne Warum, »sunder warumbe«, wie es der Mystiker aus Erfurt, Meister Eckhart beschreibt. So kann ein dualistisches Denken überwunden werden, wie es Willy Rordorf, Theologieprofessor in Neuchâtel, beschreibt: »Materie und Geist, Eros und Liebe sind zwar polare Kräfte, aber sie ergänzen sich, sind aufeinander bezogen. Dualistisches Denken ist darum in die Irre geleitetes Denken. Ich bekenne mich zur Evolution in jedem Sinne: im materiell-biologischen, aber auch im seelisch-geistigen Sinn. Wahrheit, Schönheit und Güte sind unsere Bestimmung. In ihnen, durch sie wird der Eros mit Liebe durchwirkt. In ihrem Dienst wird der Mensch zur Ikone, zum Ebenbild Gottes.«[60] Im Hier und Jetzt sind uns Momente verheißen, in denen wir wunschlos glücklich sind, nicht als dauernder Zustand, sondern als alltägliche unerwartete Überraschung. Diese Momente sind nicht machbar, doch wir können ihnen durch Zwischenräume eine Verwirklichungsmöglichkeit schenken. Unsere sexuelle Begegnung wird zum Gebet, wenn wir unsere innere Resonanzfähigkeit stärken. Für den Franziskaner Richard Rohr (*1943) bedeutet Gebet Resonanz: »Gebet bedeutet einfach, eine Stimmgabel anzuschlagen. Im geistlichen Leben kann man tatsächlich nichts anderes tun, als sich darauf einzustimmen, die immer anwesende Botschaft zu empfangen. Sobald man eingestimmt ist, wird man etwas empfangen.«[61] Unser Körper ist auch eine kostbare Stimmgabel. Durch die Berührung mit dem Körper eines anderen Menschen kann die dabei entstehende Resonanz unser hohes Lied der Liebe sein.

Im Zwischen unserer Beziehung
der Zärtlichkeit jenen Raum eröffnen
der uns engagiert-gelassen sein lässt
mitten im Auf und Ab des Lebens

Im Leergang unseres Weges
die Zärtlichkeit neu entwickeln
auch für unsere Mitgeschöpfe die Tiere
die auf unser Mitgefühl angewiesen sind

Im Unerlöstsein unserer Liebe
die Zärtlichkeit als Heilungsspur sehen
im geduldig-beharrlichen Dranbleiben
an unseren zentralen Lebensthemen

Mein Coming-out

»Homosexualität ist ebenso wie Heterosexualität im Menschen natürlich veranlagt. Vorurteile und Diskriminierung gegenüber Schwulen, Lesben, Bisexuellen und Transgendern (Menschen mit gegengeschlechtlicher Identität) sowohl in den lehramtlichen Aussagen wie auch im Leben der Kirche entsprechen nicht

dem Gebot der christlichen Nächstenliebe. Menschen, die ihr An-
derssein offen leben, dürfen von und in der römisch-katholi-
schen Kirche weder ausgegrenzt noch verurteilt werden«, heißt
es im Positionspapier zur Sexualethik der KirchenVolksBewe-
gung »Wir sind Kirche«[62], das an der 24. Bundesversammlung
vom 8. November 2008 in Würzburg verabschiedet wurde. Dies
ist nur eine der vielen ermutigenden Meldungen, die der jahr-
hundertelangen Diskriminierung ein Ende setzen.

Trotzdem sprechen einige Bischöfe weiterhin diskriminie-
rend-verletzende Worte aus. In der katholischen Kirche gibt es
viele homosexuelle Priester (mindestens ein Drittel) und ein Teil
von ihnen spaltet die Sexualität ab. So bekämpfen sie im Außen,
was in ihnen selbst integriert werden möchte. Ich selbst habe
auch zu lange meine homosexuelle Begabung verdrängt. Ich
habe sie nicht gewählt. Ich wollte sie fernhalten aus meinem Leben. Ich war unfähig, mit jemandem darüber zu sprechen, auch
nicht mit meinem geistlichen Begleiter. Solange etwas nicht ausgesprochen wird, ist es vielleicht doch nicht wahr! Ein Jahr nach
meinem befreienden Coming-out habe ich im Juli 2003 meine
Leidensgeschichte in einem Gebet verdichtet, das vom Psalmvers 139,14 inspiriert ist:

Viele Jahre brauchte ich
um meine Homosexualität anzunehmen
zu lange war ich außer mir
ließ mich beeindrucken
von lebensverneinenden Glaubensaussagen

Viele Jahre war meine Seele tief zerstört
weil ich nicht auf meine Herzensstimme horchte
zu lange war ich auf der Flucht vor mir selbst
ließ mich beirren von der Zusage
eine Fehlform der Schöpfung zu sein

Seit vielen Jahren bete ich täglich
mit den Psalmen –
wie konnte ich Deine Lebensworte überhören
die mich zum aufrechten Gang ermutigen:
Ich danke Dir, dass Du mich so wunderbar
gestaltet hast – ich weiß:
Staunenswert sind Deine Werke

Du hast alle schwulen und lesbischen
Menschen so wunderbar gestaltet und geschaffen
Du bestärkst sie zur Selbstannahme
Du bewegst sie zu zärtlicher Freundschaft
Du segnest sie kraftvoll jeden Tag neu

Krieg gegen mich

Mit zwanzig Jahren wählte ich eine klösterliche Lebensform. Eine Entscheidung, die genährt war von meiner tiefen Gottessuche. Eine Option, die auch eine Flucht war vor der Integration meiner homosexuellen Orientierung. Ich wollte nicht zu dieser Minderheit gehören und ich habe 49 Jahre gebraucht, um mich mit dieser Begabung anzunehmen. Ich führte Krieg gegen mich selbst, gegen meine tiefsten Gefühle und ich wurde immer depressiver. Ich blühte auf als Priester und später als spiritueller Autor und Begleiter und erfuhr große Anerkennung. Doch tief in mir wohnten ein quälender Schmerz und ein großer Schrei. Hunderte Male schrieb ich in meinen Büchern, dass jede und jeder von Gott geliebt, anerkannt und gesegnet ist vor allem Tun. Ich selbst stand diesem Geschenk der Gnade Gottes im Weg, weil eine Angst vor Ablehnung mich umzingelte. Meine Seele ließ sich nicht blenden vom beruflichen Erfolg. Sie konfrontierte mich behutsam-beharrlich und sie schrie immer wieder durch meinen Leib und meine Psyche. Mit 38 Jahren brach durch eine dreimonatige Schlaflosigkeit alles zusammen, was ich mir aufgebaut hatte: Burn-out. Meine spirituelle Not war grausam. Ein Benediktiner, der auch als Psychotherapeut arbeitet, hat mich unterstützend begleitet. Dank seiner kompetenten Hilfe und meinem autodidaktischen Studieren und Meditieren mystischer Texte fand ich in einem zweijährigen Prozess wieder neue Lebenskraft.

Schreiben ist mir seither zum Befreiungsprozess geworden. Ich entschied mich neu für ein zölibatäres Leben, in dem ich Ja sagte zu meiner sexuellen Orientierung, jedoch leider anfänglich unfähig blieb, mit anderen darüber zu sprechen. Diese Tabuisierung der Homosexualität habe ich in meiner katholischen Sozialisation verinnerlicht. Der hierarchische Teil der katholischen Kirche schafft immer noch großes Leiden, sät Zwiespalt in der Seele, wenn er Menschen auf ihre Sexualität reduziert und die Talente übersieht, die diese Minderheit der ganzen Gesellschaft schenken kann. Auch in dieser Frage – wie bei den Themen Heirat der Priester und Frauenpriestertum – herrscht eine große Diskrepanz zwischen der Leitung und der Kirchenbasis. Nach meinem öffentlichen Coming-out habe ich über 800 Reaktionen erhalten, in denen in 780 Briefen Jung und Alt mir ihre Wertschätzung ausdrückten.

Weltweit gibt es über 80.000 verheiratete »ehemalige« Priester, die ihr Charisma nicht leben dürfen, wie all die begabten Frauen, die nicht Priesterinnen werden dürfen: eine himmelschreiende Ungerechtigkeit. Mit ihnen kämpfe ich für eine offene Kirche, die in vielen Pfarrgemeinden, Klöstern und andern Gruppierungen schon erfahrbar ist.

Befreit zur Liebe

Als Gnade empfinde ich jenen Moment, in dem ich beim Beten des Psalms 139 ganzheitlich erfahren habe, dass Gott mich als Menschen mit meiner homosexuellen Begabung so wunderbar geschaffen und gestaltet hat. Als Befreiungsakt sehe ich jene innere Erfahrung, die mich erlöste aus dem Gefängnis der Angst, als ich tief erkannte, dass meine Berufung mich für das Geschenk einer gleichgeschlechtlichen Liebe öffnet. Ich darf sie seit neun Jahren in einer Partnerschaft erfahren, in der sich die Liebe Gottes ereignet. Ich bin berührt, dass mir immer wieder Eltern von lesbischen Töchtern und homosexuellen Söhnen mitteilen, wie versöhnend ich in ihrer Familie wirke, weil Homosexualität und Spiritualität kein Gegensatz mehr sind. Seit ich einen Mann lieben darf und mich lieben lassen kann, bin ich noch mehr in Christus verwurzelt. Seither kann ich noch authentischer in meinen vielen Vorträgen und Kursen den Menschen von der bedingungslosen Liebe Gottes erzählen, wie sie sich in der Menschwerdung in Betlehem und in jeder Menschwerdung offenbart. Obwohl ich verwundet bleibe, dass ich nicht mehr offiziell Priester sein darf, so bin ich nicht in der Opferrolle geblieben. Ich bin versöhnt mit meinem Lebensweg.

Einander
zum Aufblühen berühren
ineinander
die heilende Kraft freilegen
auseinander
verbunden bleiben in der Liebe
zueinander
sich von innen begleiten lassen

miteinander
dunkle Stunden aushalten
füreinander
sorgend-heilend da sein

Zusammen
selbstbewusst und selbstlos
aufstehen für eine zärtliche Friedenskraft

Coming In

»Coming In. Spiritualität für Schwule und Lesben«, nennt Peter Mattman sein originelles Buch[63], das die große Sehnsucht von Menschen aufnimmt, ihre Sexualität bejahen zu können in einer für sie relevanten Form des Glaubens. Die Annahme und Wertschätzung der eigenen sexuellen Orientierung verbindet alle Frauen und Männer. Miteinander können wir einander kämpferisch-gelassen ermutigen zu einer befreiten Sicht der Sexualität, die auch die Liebe einer Frau zu einer Frau und eines Mannes zu einem Mann nicht ausgrenzt, wie dies der Theologe Peter Bürger in seinem empfehlenswerten Buch »Das Lied der Liebe kennt viele Melodien. Eine befreite Sicht der homosexuellen Liebe«[64] aufzeigt. Grundsätzlich geht es darum, die Energie sexueller Beziehungen nicht auf die Fortpflanzung zu beschränken, wie dies die katholische Ethikerin Regina Ammicht-Quinn unermüdlich hervorhebt. In einem Interview rund um eine Tagung zu katholischer Sexualmoral betont sie, dass Fruchtbarkeit auch als Symbolwert gesehen werden kann: »Dann hieße nicht Fruchtbarkeit, es darf nur Geschlechtsverkehr stattfinden, wenn keine Empfängnis verhütet wird, sondern dann hieße Fruchtbarkeit: Die Energie in einer sexuellen Beziehung, in einer Liebesbeziehung muss in irgendeiner Art und Weise auch fruchtbar gemacht werden für die Welt. Und das kann natürlich ganz konkret im Glück eines Lebens mit Kindern passieren, das kann aber auch in vielen anderen Weisen geschehen.«[65] Fruchtbarkeit findet ihren Weg zum Beispiel auch in der Kunst, im sozialen Engagement und im Fördern von Menschlichkeit.

Auch der Schweizerische Katholische Frauenbund entfaltet in einer bemerkenswerten Broschüre »Unsittliches Tun oder anerkennenswerte Lebensform? Lesben, Schwule und Bisexuelle in der Kirche«[66] ein mutiges Plädoyer für eine neue ethische Bewertung einer homosexuellen Liebe. Darin wird die Begrenzung der sechs biblischen Stellen zur Homosexualität aufgezeigt, in denen es nicht um Liebe geht. Diese wenigen Texte gehen davon aus, dass alle Menschen heterosexuell sind und einige aus Bösartigkeit homosexuelle Gewalt anwenden. In den Evangelien findet sich kein Wort zur Homosexualität, jedoch das Kernanliegen Jesu, Ausgegrenzte und Minderheiten in die Gemeinschaft zu integrieren.

In der renommierten Zeitschrift »DIAKONIA« schrieb Peter F. Schmid, Universitätsdozent für Pastoraltheologie in Graz: »Homosexuell zu sein, ist etwas Normales, christlich gesprochen: Teil der Schöpfung. Homosexualität ist eine Spielart des Gottesgeschenkes der menschlichen Sexualität. Sie bedarf selbstverständlich – wie jede Form der Sexualität – des verantwortlichen Umgangs und einer beständigen Weiterentwicklung zu einer je reiferen Ausgestaltung. Als Minderheitsphänomen braucht sie das besondere Verständnis der Mehrheit.«[67] Diesen solidarischen Blick entwirft auch der Theologe und Psychotherapeut Wunibald Müller in seinem Buch »Größer als alles aber ist die Liebe. Für einen ganzheitlichen Blick auf Homosexualität«. Er sammelt darin mit großer Kompetenz alle offiziellen Stellungnahmen, berücksichtigt die humanwissenschaftlichen Erkenntnisse und zeigt auf, dass auch in der katholischen Kirche eine Vielfalt von Meinungen anzutreffen ist. Er zitiert Kardinal Basil Hume (1923–1999), Vorsitzender der katholischen Bischofskonferenz von England: »Liebe zwischen zwei Menschen, ob sie nun demselben Geschlecht angehören oder von verschiedenem Geschlecht sind, muss wie ein Schatz angesehen und geachtet werden ... einen anderen zu lieben, ob gleichen oder anderen Geschlechts, bedeutet das Feld der reichsten menschlichen Erfahrung zu betreten.«[68]

In den letzten Jahrzehnten gab es viele ermutigende Aufbrüche. In einigen evangelischen und katholischen Gemeinden, vor allem in den Städten, sind schwule und lesbische Menschen integriert. Doch zu viele sind innerlich tief verletzt und erwarten nichts mehr von den Kirchen. Der Kampf gegen die Diskriminierung muss weitergehen. Die Suizidrate von jungen schwulen und lesbischen Menschen ist immer noch erschreckend hoch. Es ist wichtig, Verbündete zu finden, wie zum Beispiel im Netzwerk katholischer Lesben oder in der Ökumenischen Arbeitsgruppe »Homosexuelle und Kirche«.

Lesbische Frauen schreiben: »Lesbisch und katholisch – geht das? Jawohl – und deshalb gibt es uns! Auf unserem Weg haben wir erfahren, wie wichtig und bereichernd es für uns ist, auch nichtkatholischen Frauen gegenüber offen zu sein, unsere Lebens(T)räume miteinander zu teilen, im Sinne unseres Programms: Spiritualität bedeutet für uns, aus der Grunderfahrung heraus, von Gott genauso, wie wir sind, gewollt und geliebt zu sein, unser Leben zu gestalten und uns Lebensräume in der Kirche zu schaffen ... unsere sexuelle Orientierung ist eine von mehreren Möglichkeiten (Hetero-, Homo- und Bisexualität). Es darf und kann uns Lesben nicht verwehrt werden, sie in voller Verantwortlichkeit zu leben.«[69]

Dieses befreiende Selbstbewusstsein findet sich auch bei der HuK: »Wir, die Ökumenische Arbeitsgruppe Homosexuelle und Kirche (kurz: ›HuK‹), wollen die volle Teilhabe von Lesben, Schwulen, Bisexuellen, Trans und Queers (LGBTQs) am kirchlichen und gesellschaftlichen Leben. Als Zeuginnen und Zeugen der befreienden Botschaft von Bibel und persönlicher Gotteserfahrung arbeiten wir

- am Abbau von Vorurteilen gegenüber und Diskriminierung von LGBTQs innerhalb der Kirchen,
- für die vollständige berufliche Gleichstellung mit heterosexuellen Biomännern und -frauen,
- gegen die Diskriminierung von HIV-Positiven und an AIDS Erkrankten,
- an der Schaffung von Räumen, um als LGBTQs Spiritualität zu teilen, und
- an der Erkennbarkeit von uns als Christinnen und Christen innerhalb der LGBTQ-Gemeinschaft.«[70]

Im Schweizer Verein für schwule Seelsorger »Adamim«[71] solidarisiert sich und kämpft eine Gruppe schwuler Männer, die alle im kirchlichen Dienst tätig sind (Pfarrer, Pastoralassistenten, Katecheten, Priester, Theologen, Spitalseelsorger und Ordensmänner), für die Anerkennung der Homosexualität als eine natürliche Spielart menschlicher Sexualität.

All diese Intitiativen lassen sich nicht mehr aufhalten, wie auch das Memorandum »Kirche 2011. Ein notwendiger Aufbruch«, das 311 Professorinnen und Professoren der katholischen Theologie aus dem deutschsprachigen Raum unterschrieben haben. Darin steht unmissverständlich: »Der Respekt vor dem individuellen Gewissen bedeutet, Vertrauen in die Entscheidungs- und Verantwortungsfähigkeit der Menschen zu setzen. Diese Fähigkeit zu unterstützen, ist auch Aufgabe der Kirche; sie darf aber nicht in Bevormundung umschlagen. Damit ernst zu machen, betrifft besonders den Bereich persönlicher Lebensentscheidungen und individueller Lebensformen. Die kirchliche Hochschätzung der Ehe und der ehelosen Lebensform steht außerfrage. Aber sie gebietet nicht, Menschen auszuschließen, die Liebe, Treue und gegenseitige Sorge in einer gleichgeschlechtlichen Partnerschaft oder als wiederverheiratete Geschiedene verantwortlich leben.«

Rituale

Im Jetzt sein

»Die wichtigste Stunde ist immer die Gegenwart«, sagt der Mystiker Meister Eckhart. Seine Bedürfnisse und Wünsche anzumelden, ist entscheidend für ein partnerschaftliches Unterwegssein auf Augenhöhe. Weil wir ganz subtil in einer hochsüchtigen Gesellschaft leben, in der uns vorgegaukelt wird, dass wir glücklicher werden, wenn wir mehr *haben*, ist es wichtig, Akzente zu setzen, um mehr *sein* zu können. »Sunder warumbe« (althochdeutsch), ohne Warum sein zu dürfen, empfiehlt Meister Eckhart, nicht immer, nicht ein für alle Mal, sondern immer wieder.

Am Ende eines Tages laden beide einander zur Entschleunigung ein:

Zur Begrüßung stehen wir einander gegenüber, schauen einander in die Augen und einer nach dem anderen spricht folgende Worte laut aus:

»Jetzt ist der wichtigste Moment in deinem Leben. Jetzt darfst du einfach da sein.«

Danach helfen wir einander, unsere Kleider langsam auszuziehen und wir legen uns nackt auf unser Bett. Unser nacktes Dasein weist über uns hinaus, lädt uns ein zu einer puren Präsenz. Dabei bekämpfen wir unsere Gedanken nicht, sondern lassen sie bestimmt-wohlwollend vorbeiziehen wie Wolken. Abwechselnd streicheln wir einander ganz sanft von Kopf bis Fuß. Das Streicheln des ganzen Leibes beginnt und endet mit der Wiederholung der Worte:

»Jetzt ist der wichtigste Moment in deinem Leben.«

Zweckfreies Tanzen

Mehr aus und in der Kraft des Augenblicks zu leben, ist eine große Herausforderung unserer Zeit. Eine lustvoll-kreative Gestaltung der Sexualität wird genährt von der Gabe des Gegenwärtig-Seins. Da wir im deutschsprachigen Raum in Gefahr sind, uns auch krampfhaft entspannen zu wollen, kann ein wildes Ausdruckstanzen uns unterstützen, um mehr im Jetzt ankommen zu können.

Das Paar lässt sich von einer gemeinsamen Lieblingsmusik zum freien Tanzen bewegen. Dabei wird nicht primär vom Kopf überlegt, welche Bewegung nun gut sei, sondern wir vertrauen uns voll den Impulsen des Körpers an. Interreligiös wird in der mystischen Spur in den verschiedenen Religionen der Tanz als Symbol gewählt, um mit Leichtigkeit in die Kraft des Jetzt eintreten zu können. Beim Tanzen sind wir eingeladen, uns ganz unserem Leib anzuvertrauen. Es braucht Übung, um uns nicht vom Verstand her einengen zu lassen. Doch das Entscheidende ist nicht machbar, es gelingt, wenn die Tänzerin, der Tänzer zum Tanz wird. Wenn wir für Momente ganz aufgehen in Gottes schöpferischem Tanz.

Zärtlich-wilde Ekstase
Hingabe wagen – aufgehen in
einem größeren Ganzen

Wild-lustvoll greifen meine Hände nach dir
mein Energiefluss ist nicht mehr zu stoppen
ich will dich halten
du entgleitest mir
ich kann nicht begreifen
was mir geschieht

Die göttlich-erotische Kraft der Liebe
bewohnt uns
übersteigt uns
verbindet uns
befreit uns

Ich taste nach dir
obwohl unsere Liebe unbegreifbar bleibt
du berührst mich von Kopf bis Fuß
wir bewegen uns in wilder Ekstase
mit-schöpferisch liebend zu sein
ist unsere Lebensaufgabe

»Du bist ein Geschenk. Seit ich dich kenne, trag ich Glück im Blick. Du lachst und du strahlst, setzt den Schalk ins Genick, schenkst mir Freudentränen ...«, singt Herbert Grönemeyer in seinem Lied »Glück« (2006). Diese Worte führen mich mitten hinein in die beglückenden Erfahrungen von Ekstase, in denen ich selbstvergessen einfach sein darf, in denen mein Gedankenfluss im großen Liebesmeer mündet und ich den Saum meiner tiefsten Sehnsucht berühren kann: aufgehoben zu sein in Gottes Liebe. Ekstase bedeutet, aus sich heraustreten, voller Präsenz sich selbst zu vergessen, sich hingeben. Herbert Grönemeyer verdichtet in diesem Lied wunderbar die Erfahrung, ein Geschenk zu sein. Eine Spur, die ich auch beim Naturwissenschaftler, Jesuitenpater und Mystiker Pierre Teilhard de Chardin (1881–1955) entdecke, wenn er sein Leben in wenigen Worten zusammenfasst: »Mit dem ›Werden‹ eins zu sein, das ist meine Lieblingsformel geworden, die Formel meines Lebens … Es macht den Wert und das Glück des Lebens aus, in etwas Größerem aufzugehen, als man selbst ist.«

Mit dem Wort »Werden« meint Pierre Teilhard de Chardin die Kraft des kosmischen Christus. Darin verdichtet sich seine verrückte Hoffnung, dass die Liebe Gottes Schöpfung und Kosmos immer mehr durchatmet. Wir Menschen können mit unserer Liebe diese Kraft verstärken. Liebende sind nie für sich allein, sondern immer ein Teil eines Ganzen. Unser ganzes Glück ereignet sich in der lebenslangen Gratwanderung der eigenen Selbstwerdung, die sich paradoxerweise in der Selbstlosigkeit und auch in der Solidarität verwirklicht. Pierre Teilhard de Chardin hat als priesterlicher Mensch darauf hingewiesen, dass wir in einer Spiritualität, in der wir Gottes Nähe als Leib-Geist-Seele-Einheit erfahren, in Berührung kommen mit der erotischen Dimension unseres Lebens. Es bedeutet für ihn als Mann, das Weibliche in sich zu integrieren und es auch als Schöpfungskraft zu sehen. Unglaublich, mit 37 Jahren schreibt er, als Bahrenträger an der Front des Ersten Weltkrieges in der Gegend des französischen Reims, seine Hymne »Das Ewig-Weibliche«. Mitten in einer schrecklichen Kriegserfahrung hat er den Mut aufzuzeigen, dass wir Menschen mehr sind als all die Grausamkeiten, die unsere Hoffnung bedrohen. Teilhard de Chardin schreibt: »Alles im Universum ist Werk der Vereinigung und Befruchtung – geschieht durch Sammlung der Elemente, die sich suchen und zu zweit miteinander verschmelzen und so wiedergeboren werden zu einem Dritten.«[72] Dieser Gedanke stärkt mein Vertrauen in eine erotische Spiritualität, in der wir das Geschenk der Ekstase als persönliches Beglücktsein und als ein Mitgestalten für eine Welt sehen, die immer mehr von der Liebe Gottes beseelt wird. Die Paar- und Sexualtherapeuten Doris Christinger und Peter A. Schröter aus Zürich führen diese Spur weiter: »Als Mann sind wir auch urweiblich, und als Frau sind wir auch urmännlich. Wir

SIND Energie, wir SIND Liebe, wir SIND Bewusstsein. Wie wäre es also, auf dem höchsten Punkt der Energieaufladung unseren Orgasmus der Welt zu schenken? Eine Welle voll Lebendigkeit, Mitgefühl und Licht zum Wohle aller Wesen, zur Verfügung gestellt von zwei Menschen, die Liebe in ihrer schönsten Form praktizieren und dabei eine überfließende Fülle an Energie produzieren.«[73]

Ob das nicht zu euphorisch, zu abgehoben sei, flüstert mir die kritische Seite meines Verstandes zu! Meine Seele atmet auf, weil in ihr die Sehnsucht wohnt, alles mit allem zu verbinden.

Näher können wir uns nicht mehr sein
wir verschmelzen uns im leisen Erahnen
dass die Ewige uns näher ist als wir uns selbst

Aufgehoben sind wir im Fluss der Liebe
aufgehoben sind unsere Ängste
in Geborgenheit und Freiheit

Schmerzvoll bricht die Angst auf
dich zu verlieren
obwohl du nicht zu haben bist

Jetzt ist der kostbarste Moment unseres Lebens
jetzt sind wir einander ganz nah
Leben im Jetzt heißt das Geheimnis unserer Liebe

Im November 2011 habe ich im Museum Rietberg in Zürich die Ausstellung »Mystik – die Sehnsucht nach dem Absoluten« besucht.[74] Ich begegnete 40 Mystikerinnen und Mystikern aus der buddhistischen, christlichen, daoistischen, hinduistischen, islamischen und jüdischen Mystik.

Ba'al Schem Tow (1698/1700–1760), ein Vertreter des jüdischen Chassidismus, lässt mich aufatmen, wenn er in einem Brief an einen asketischen Rabbi schreibt: »Entziehe dich nicht den Bedürfnissen deines Fleisches.«[75] Bei diesem Besuch habe ich mit großem Bedauern wahrgenommen, wie einseitig asketisch die christliche Mystik dargestellt wird, weil die letzten Jahrhunderte all jene Frauen und Männern, die in der sexuellen Vereinigung auch eine tiefste Gottesvereinigung erfahren haben, sich kaum in Worten und Bildern ausgedrückt haben. Mit diesem Buch möchte ich diese Einseitigkeit durchbrechen und all die vielen, unscheinbaren Alltagsmystikerinnen und Alltagsmystiker ermutigen, ihre ekstatisch-sexuelle Liebe im Urgrund aller Liebe zu verwurzeln. Nur so können wir dualistische Denkmuster überwinden, die Geist und Leib trennen. Nur so konkretisieren wir einen zentralen Aspekt einer christlichen Spiritualität, wie wir ihn zum Beispiel im Anfang des Johannes-Evangeliums (1,14) finden: »Das Wort ist Fleisch geworden ...«

Johannes Röser (*1956), Chefredakteur der Wochenzeitschrift »Christ in der Gegenwart«, schreibt in seinem Artikel »Das heilige Experiment: Ehe«: »Sexualität ist Lust und Glück des Menschseins wie des Christseins, bei allen Bedrohungen und gewiss auch Abgründen bis zum Perversen. Im Sexuellen entscheidet sich die Zielrichtung des Menschlichen. In der Sexualität verdichtet sich immer neu der Prozess der Menschwerdung des Menschen, für Gläubige im Horizont der Menschwerdung des Göttlichen.«[76] Dieser befreiend-ganzheitlichen Spur unseres Menschseins gilt es zu folgen.

Göttliches ereignet sich
in unseren lustvollen Berührungen
höchste Präsenz in Selbstvergessenheit

Unsere Augen-Blicke
lassen uns tief
in unsere Seelen blicken

Geborgen in Lust
aufgehoben in Zärtlichkeit
verbindlich frei

Unaufhaltsam bewegen wir
uns ins Glück hinein
kommen an im Jetzt

Gedanken und Bilder
lösen sich auf
Grenzen verschwinden

Liebend-werdend spielen
wir uns ins Ewige hinein
sind berührt zum Mitgefühl

Verleiblichung

Aus ganzem Herzen stimme ich dem evangelischen Theologen Jürgen Moltmann (*1926) zu, wenn er schreibt: »Im christlichen Glauben geht es nicht um Vergeistigung, sondern um Verleiblichung, nicht um die Sublimierung der Sinne, sondern um ihre Erweckung.«[77] Mystische Erfahrungstexte eines Bernhard von Clairvaux und einer Mechthild von Magdeburg, die in einer hoch erotischen Sprache entfaltet wurden, können allen Menschen, die partnerschaftlich-liebend unterwegs sind, eine Brücke sein, um ihr ureigenes erotisch-religiöses Erleben in Worten zu verdichten, damit der Liebesatem Gottes in all unseren Lebensvollzügen benannt und gefeiert wird. Elisabeth Moltmann-Wendel (*1926) bin ich dankbar, dass sie mich auf die Liebesbriefe des Nazi-Widerstandskämpfers Helmuth James Graf von Moltke und seiner Frau Freya hingewiesen hat, in denen ich genau jene Worte entdecke, die ich vielen Liebespaaren wünsche, nicht nur angesichts des Todes, sondern vor allem mitten im Leben. Helmuth Moltke wurde wegen Hochverrats im Gefängnis Berlin-Tegel gefangen gehalten und am 23. Januar 1945 hingerichtet. Kurz vor seinem Tod schrieb er seiner Frau: »Wir sind ganz untrennbar in Gott verbunden, wir sind bei ihm ganz sicher aufgehoben.« Im Dezember 1944 schrieb sie ihm: »Wir beide sind vollkommen durchdrungen von der Gewissheit, dass wir nicht nur für dieses Leben zusammengehören, dass unsere Liebe stärker ist als der Tod, dass ich dir genauso zugehörig bleiben darf, kann, werde, auch wenn du von mir gehst ... dass du mich und ich dich in Gott immer finden kann.« Klassische mystische Schriften scheinen den beiden nicht vertraut zu sein. Doch mit ihren berührenden Worten sehe ich sie ganz in der mystischen Spur, die Helmuth Moltke leidenschaftlich im Lied der Liebe des Korintherbriefs verwurzelt, wenn er seiner Frau schreibt: »Du bist mein 13. Kapitel des ersten Korintherbriefes ... Ohne dich hätte ich der Liebe nicht! Wir sind ein Schöpfungsgedanke ... Darum, mein Herz, bin ich auch gewiss, dass du mich auf dieser Erde nicht verlieren wirst, keinen Augenblick.«[78]

Zusammen ein Schöpfungsgedanke zu sein, ist eine bezaubernd-tiefe Umschreibung, was Liebende in der Ekstase erfahren können und was eben auch in den Erschütterungen des Lebens tragen kann.

Ekstase
wir treten hinaus aus der Enge des Wollens
begegnen einander in nackter Präsenz
sind eingekleidet im Stoff der göttlichen Nähe
die unsere erotische Liebeskraft anstiftet

Orgasmus
voll da und ganz weg
höchste Gegenwärtigkeit
intensivste Selbstvergessenheit
ganz versunken
in der sexuellen Lebenskraft
sind wir glücklich losgelöst

Ekstase
Orgasmus
Du
Urgrund aller Liebe
wirst Du selbst
im Wagnis unserer Hingabe

Der Mensch ein ekstatisches Wesen

»Wir sind ekstatische Wesen, die Ekstase nur zuzulassen brauchen. Wollen wir ekstatische Frauen und Männer sein, geht es also um mehr als sexuelle Befriedigung. Sexuelle Massagen sind ein wundervolles Instrument, um uns und jede Zelle unseres Körpers daran zu erinnern, dass wir lustvolle, genießende Wesen sind, deren Bandbreite sexueller Empfindungen viel weiter ist, als wir selbst glauben. Für viele Menschen ist es etwas völlig Neues, am ganzen Körper und insbesondere an den Geschlechtsorganen intensiver, hochenergetisch und absolut nicht fordernd berührt und massiert zu werden. Und auch für den Gebenden gibt es viel zu entdecken: die Schönheit der Sexualorgane, eine tiefe Wertschätzung und Respekt vor dem anderen Geschlecht durch das spielerische Erkunden und Entdecken ohne Zeit- und Leistungsdruck«, schreiben Doris Christinger und Peter A. Schröter in ihrem spannend-inspirierenden Buch »Vom Nehmen und Genommen werden. Für eine neue Beziehungserotik«[79]. Sie teilen darin ihre kompetenten Erfahrungen, die sie in über zwanzig Jahren gemeinsam als Paar und als Sexual- und Körperpsychotherapeuten gesammelt haben. Sie beschreiben darin den Fluss des Eros und den Spannungsbogen der Liebe in vier Aspekten:

- Das feurige Lieben: Begehren wird durch das Gesetz der Polarität und Ekstase-Techniken aktiviert ...
- Das herzliche Lieben entfaltet eine intensivere Intimität, in der sich beide mit ihren Gefühlen, Gedanken, Wünschen und Fantasien zeigen können ...
- Das stille Lieben lässt Sexualität zur Meditation werden, damit die Sexualorgane zu ihrer ursprünglichen Lebendigkeit und Weisheit zurückfinden ...
- Das spirituelle Lieben verbindet die Sexualenergie mit einem offenen Herzen und einer tiefen Stille, damit sich im Hier und Jetzt beglückende Erfahrungen in einem größeren Ganzen ereignen.[80]

Das Paar macht uns aufmerksam, dass durch die Emanzipation die Grenzen der Geschlechter vermischt wurden, was für Sexualität, Lust und Leidenschaft verheerende Folgen hat. »Wenn die Sexualität in einer Beziehung nicht zu den archetypischen Energien beider Geschlechter zurückfindet, wird sich der Mann von der Frau manipulieren und die Frau vom Mann dominieren lassen«, betont Doris Christinger. Dies bedeutet auf keinen Fall, den Mann auf das Klischee des erfolgreichen Karrieretypen zu reduzieren und die Frau in der traditionellen Rolle als Mutter und Hausfrau zu sehen. Es geht darum, die Kraft der Polarität zwischen feminin und maskulin neu zu entdecken und zu leben, was übrigens auch für lesbische und schwule Paare gilt. In diesem Buch finden sich viele konkrete Übungen und Rituale, die eine spirituelle Vertiefung unserer sexuellen Liebeskraft ermöglichen, wie zum Beispiel das Wahrnehmen der sieben Chakren:

1. Wurzel-Chakra (Beckenboden),
2. Hara (Unterbauch),
3. Solarplexus (Oberbauch)
4. Herz (Mitte Brustbein)
5. Kehlkopf (Hals)
6. Drittes Auge (Stirn)
7. Scheitel (höchster Punkt auf dem Kopf)[81]

Das Wort »Chakra« heißt im Sanskrit »Lichtrad«. Die Schweizer Heilpraktikerin Ingeborg Steiner beschreibt im Zusammenhang mit der Fußreflexzonenmassage die Chakren wie folgt: »Nach der Yoga-Lehre sind Chakren Energiezentren, über die sich die universellen Kräfte im ganzen Körper verteilen. Wir schwingen uns in die große Einheit des Seins ein, wenn wir Energien aus der kosmischen Kraftquelle schöpfen.«[82] In der Ekstase erfahren wir diese Kraftquellen besonders intensiv. Menschen, die sich als Leib-Geist-Seele-Einheit verstehen, bleiben nicht auf eine genitale Sexualität fixiert. Ihre erotische Liebesenergie wird zur Quelle einer spirituellen Erfahrung, die sich in einer wohltuenden Ausstrahlung zeigt.

Nicht mehr zu halten
losgelöst aus der Enge des Wollens
Wunderbares geschieht mit uns
in dieser tragenden Haltlosigkeit

Nicht mehr zu begreifen
hineingespült in die Kunst des Liebens
Staunenswertes ereignet sich mit uns
in dieser klaren Unbegreiflichkeit

Nicht mehr zu verstehen
entrückt in die göttliche Nähe
leibhaftes Beten schenkt sich uns
verbindet uns mitfühlend mit allem

Voll *da* und *ganz weg*

Den englischen Erstlingsfilm »Billy Elliot« (2000) von Stephen Daldry schaue ich mir immer wieder an. Darin finde ich in einfachen Worten, was in der mystischen Literatur oft so kompliziert beschrieben wird. Als der elfjährige Bergmannsohn beim Vortanzen an der Royal Ballet School in London gefragt wird, was er beim Tanzen fühle, stammelt er: »Am Anfang fühle ich mich noch ganz steif und unbeholfen. Wenn ich dann einfach anfange und tanze, dann vergesse ich mich immer mehr, und es ist, wie wenn ich verschwinden würde. Es ist, wie wenn Feuer, Elektrizität meinen ganzen Körper durchdringt und ich fliege …« In vielen Vorträgen wiederhole ich diese Szene, weil sie am klarsten ausdrückt, um was es in einer mystischen und in einer ekstatischen Erfahrung geht: sich selbst zu vergessen, »sich verschwinden zu lassen«, damit die göttliche Liebe noch mehr durch uns fließen kann. Immer wieder habe ich dann betont, dass Billy zum Schluss sagt: »Ich bin voll da und ganz weg.« Doch im Film sagt er diese Worte nicht, sondern nur in meiner inneren, weiterführenden Zusammenfassung der Szene! Voll da und ganz weg, heißt meine schönste Umschreibung der Mystik. Diese ganzheitliche Sicht entwickelt auch der Theologe und Philosoph Christoph Quarch (*1964) in seinen Büchern. Sie bestärken mich und fordern mich zu spannenden, kontroversen Diskussionen heraus. Bei ihm habe ich gelernt, dass der griechische Philosoph Platon (428/427–348/47 v.Chr.) falsch verstanden worden ist, was sich im geläufigen Begriff einer platonischen Liebe ausdrückt. In seinen Werken »Phaidros« und »Symposion/Gastmahl« lässt sich eine Philosophie des Eros entdecken, die Eros als »Mittler zwischen Mensch und Gott« sieht. Im »Symposion/Gastmahl« begegnen wir Diotima, einer Apollo-Priesterin, die uns zu einer erotischen Lebenskultur inspirieren kann, weil das Zusammensein von Mann und Frau eine göttliche Sache ist, die dem Leben als etwas Unsterbliches innewohnt. Christoph Quarch sieht darin das Verbindende zwischen Sexualität und Spiritualität: »So sind die sexuelle Sehnsucht nach geschlechtlicher Vereinigung und die spirituelle Sehnsucht nach Einung mit Gott zwei Erscheinungsformen der einen erotischen Grundkraft, mit der das Leben zu sich selbst kommen will.«[83] Eine wunderbare Umschreibung, die er in seinem neuesten Buch in einem Brief an seine Ehefrau konkretisiert: »Da sind wir uns nahe, da tauchen wir ein in eine kräftigende und heilende Intimität unserer Körper. Ja, wir lassen uns dabei auf jeder Ebene berühren: seelisch, körperlich, spirituell. Das schmeckt nach Freiheit, Glück, Leben, Heiterkeit. Da feierst du mit mir ein verspieltes, sinnliches Fest. Alles entwickelt sich von alleine, dein Körper spricht mit meinem – und die beiden verstehen sich blind. Wir treffen uns in voller Absichtslosigkeit im Hier und Jetzt. Da ist kein Wille, der irgendwelche Ziele verfolgt und ihnen hinterherjagt, sondern nur dieser spontane, spielerische Ausdruck des innigsten Verbundenheitsgefühls. Erregung und tiefe Entspannung sind keine Gegensätze mehr, wir können uns in die Erregung hinein entspannen. Wir fließen in einem großen Fluss und lassen uns von ihm tragen ...«[84]

Wunderbare Worte, die uns alle inspirieren können, uns von Worten finden zu lassen, die versuchen auszudrücken, was unsagbar bleibt. Sie ermutigen mich, auf die Schatzsuche zu gehen, um auch in der spirituellen Literatur, trotz vieler leibfeindlich-dualistischer Texte, kostbare Perlen zu entdecken.

Das Wunder der Sexualität

Die hoch begabte Mystikerin Hildegard von Bingen (1098–1179), die als Äbtissin, Dichterin, Apothekerin, Naturforscherin und Komponistin Erde und Himmel verbindet, spricht vom Wunder der Sexualität. Unfassbar, sie sieht die Geschlechtsorgane genau wie das Gehirn mit Vernunft begabt, weil sie im Geschlechtsakt »die Kraft der Ewigkeit« erahnt und im Geschlechtsleben nichts Geringeres als ein Abbild eines dialogischen Gottes, der Gemeinschaft sucht! Darum beschreibt sie die leidenschaftliche Liebesglut ganz unbefangen, natürlich als Kind ihrer Zeit, in der die Frau die passiv Empfangende war: »Die Liebe des Mannes ist im Brand seiner Leidenschaft wie das Feuer brennender Berge, das kaum einzudämmen ist, die Liebe der Frau gleicht dagegen der Flamme in einem Holzstoß, die man leicht wieder auslöscht. Ihre Liebe ist dem Manne gegenüber wie die ausgeglichene Wärme der Sonnenglut, die fruchtbringend wirkt im Vergleich zu jener ungeheuerlich entfachten Flamme der brennenden Wälder ... der Mann spürt jenen starken süßen Drang in sich, und wie sich der Hirsch nach der frischen Quelle sehnt, so eilt er auch heute noch hurtig zum Weibe hin. Die Frau aber verhält sich ihm gegenüber mehr wie eine Getreidetenne, die von wuchtigen Schlägen erschüttert wird und die, so wie die Körner in ihr zerschlagen werden, sich tüchtig dabei erhitzt. Wenn die Geschlechtslust sich in einem Menschen erhebt, wird sie zuvor von der feurigen Kraft des Markes in Erregung versetzt. Das Feuer des Markes vermag sich aber auf verschiedene Weise im Menschen erheben, sei es durch unpassende Ausgelassenheit, sei es durch unmäßigen Genuss von Speise und Trank oder schließlich rein aus einer zu üppigen Gedankenwelt heraus: und solchermaßen bringt es den Menschen außer sich. Das Feuer des Markes zündet nun die Geschlechtslust an, die noch den Geschmack der ersten Sünde an sich trägt; danach erregt die Geschlechtsgier zusammen mit diesem Lustgeschmack gleichsam wie ein Sturm die Glut im Blute, sodass das Blut einen Schaum hervorbringt und diesen Schaum, der Milch gleich, zu den Höhlungen der Geschlechtsorgane zusammen mit einer süßen Empfindung hineingeleitet, weil er nämlich dann schon gekocht und reif ist.«[85] Obwohl Hildegard die Kraft der Ewigkeit im Geschlechtsakt sieht, so spricht sie leider auch vom Geschmack der ersten Sünde, ganz im Sinne der verheerenden Erbsündenlehre von Augustinus. Ihr mutiges Engagement mit all ihren Predigten zeigt deutlich, dass sie die Sexualität als Wunder sieht, und sie kritisiert mit harten Worten all jene, die sich verlogen als keusch-enthaltsame Menschen den anderen überlegen fühlen. Sie kämpft gegen die Sekte der Katharer (die Reinen), die sich für die Verachtung der Welt stark machten. Ihre Liebe zum Leben, mit ihrer Bejahung des Körpers, ist verwurzelt in den Worten des Apostels Paulus, wie wir sie im 6. Kapitel des ersten Korintherbriefes finden (6,19): *»Oder wisst ihr nicht, dass euer Körper ein Tempel der heiligen Geistkraft ist, die in euch ist und die ihr von Gott erhalten habt? Ihr gehört euch nicht selbst. Ihr seid für einen hohen Preis erworben worden. Darum: Lobt Gott mit eurem Körper.«*

Klare Worte, die von der Gegenwart des Ewigen in unserer Leiblichkeit erzählen, was eindeutig zur Unantastbarkeit der Würde des menschlichen Körpers führt. Silvia Schroer und Thomas Staubli sehen darin in ihrem Buch »Körpersymbolik der Bibel« die Verpflichtung, jeden Teil unseres Körpers als heilig zu sehen, weil wir nach Paulus Gott verherrlichen, »indem wir den Leib in all seinen Dimensionen heilig halten«[86].

Wenn ich das Wort »heilig« höre, dann kommt mir zuerst der Mystiker Thomas Merton (1915–1968) in den Sinn, der sagt: »Heilig werden heißt, man selbst werden.« Ich selbst werden kann ich nur als Liebender, als Mensch, der Selbstliebe, Nächsten- und Gottesliebe nicht mehr trennt. Es lässt mich die göttliche Gegenwart in meinem ganzen Leibsein erfahren und auch in meinen Ekstasen.

Der Psychotherapeut und Theologe Wunibald Müller beschreibt die Ekstase als Moment höchster und dichtester Unmittelbarkeit. »Es ist der Moment, wo ich ungehemmt ich selbst bin, ich mich selbst sein lasse. Es ist der Moment, in dem ich in der Begegnung mit Gott alle Schleusen in mir öffne, um einfach das, was mich bewegt, auf Gott hinströmen zu lassen. Jetzt halte ich nichts mehr zurück … Die sexuelle Vereinigung zweier Menschen kann zur spirituellen Erfahrung werden. Zum Augenblick, in dem die Grenzen des jeweiligen Selbst gesprengt werden und für Momente die Erfahrung des Überschreitens des Selbst gemacht werden kann.«[87] In ekstatischen Momenten trete ich heraus, gleite in einen größeren Resonanzraum hinein. Bevor ich heraustreten kann, ist es wichtig, in mein Lebenshaus einzutreten, indem ich mich erinnere, dass ich keinen Leib habe, sondern Leib bin. Die Sängerin Nena singt in ihrem Lied »Leuchtturm« (2003): »Wir küssen uns bis immer, geben uns neue Namen, mit dir bin ich zu Hause angekommen, ohne Ziel.«

Welche große Lust, bis immer küssen zu können. Es erinnert mich an die Worte des Philosophen Friedrich Nietzsche (1844–1900): »Alle Lust will Ewigkeit – will tiefe, tiefe Ewigkeit.« Ewigkeit, die nicht statisch verstanden werden darf, sondern als ein liebendes Werden, das nie zu haben ist. Wenn Liebende sich voller Kreativität immer neue Namen schenken, konkretisieren sie unsere Sehnsucht nach Einmaligkeit und Einssein. Unser Einssein verweist uns auf das Einssein mit allem, mit Gott. Ein werdend-liebender Gott, wie er sich dem Mose offenbart hat: »*Ich bin da, weil ich da bin*« (Exodus 3,14).

Du
findest den Schlüssel
zu meiner Herzenstüre
eine unbekannte Vertrautheit
kann nun wachsen und reifen

Sehnsucht und Skepsis
konfrontieren sich
keiner wird Gewinner sein
beides schenkt unserer Liebe
Wurzeln und Flügel

Du
entzündest meine Leidenschaft
die uns in Ekstase
selbstvergessen werden lässt
unerklärlich aufgehoben im Ewigen

Zärtliche Zuwendung
spielerische Lust
wilde Verrücktheit
erinnern uns wie
der Himmel uns zusammenführt

Intensive Gotteserfahrung findet eine erotische Sprache

Wie nahe das Religiöse und das Geschlechtliche sich sind, lässt sich bei vielen Mystikerinnen und Mystikern entdecken. Mönche und Nonnen, die ihre Gottessuche in einer klösterlichen Lebensform entfaltet haben, leihen sich immer wieder die erotischen Liebeslieder aus dem hebräischen Hohelied aus, um ihre tiefsten Erfahrungen der Gottesvereinigung ausdrücken zu können:

Bernhard von Clairvaux (1090–1153) eröffnet diese Spur, die andere nachhaltig prägt. In seiner 52. Predigt über das Hohelied entfaltet er die weise Lebenserfahrung, dass bei Liebenden ungewohnte Worte hervorsprudeln: »So ist es auch bei der ungestüm flammenden Liebe, vor allem bei der göttlichen: wenn sie nicht mehr an sich halten kann, fragt sie nicht mehr nach Ordnung, nach Gesetz, nach Wahl und Zahl der Worte, sondern sie sprudelt einfach hervor. Nur eines zählt dabei für sie: dass sie selbst dadurch keine Minderung erfährt. Sie sucht nicht lange nach Worten, nicht einmal nach klar geformten Ausdrücken, sondern es genügen ihr dazu stammelnde Seufzer.«[88]

Ich sehe in diesen Worten die Einladung, die stammelnden Seufzer bei einer Ekstase als Gebet zu verstehen. Das Sprudeln unserer sexuellen Energie erzählt von der göttlichen Schöpferkraft, die uns beglückt und stärkt, um kraftvoll für eine liebenswürdigere Welt unterwegs zu sein.

Die temperamentvolle spanische Mystikerin Teresa von Avila (1515–1582) wagt auch Meditationen zum biblischen Hohelied. Dies war für sie als Frau eine gefährliche Angelegenheit, das Lesen der Bibel in der Muttersprache war verboten. Dies hinderte sie jedoch nicht, das heikle biblische Buch in ihrer spanischen Muttersprache auszulegen. In diesem Akt zeigt sich einmal mehr, wie mutig mystische Menschen sind. Sie lassen sich nicht durch Ungerechtigkeiten behindern, ihrer Intuition zu trauen. Teresa schreibt zum biblischen Vers »*Mehr als Wein vermögen deine Brüste, die den Duft sehr feiner Wohlgerüche von sich geben*« (1,2–3) folgende Meditationsgedanken, die uns inspirieren können, das Unbegreifliche einer Ekstase als Eintauchen in die Liebe Gottes einzuordnen: »Hier scheint es, dass der ganze Mensch innerlich und äußerlich Kraft schöpft, als hätte man ihn in seinem innersten Innern mit einem äußerst wohltuenden und gleichsam wunderbar duftenden Öl gesalbt; oder so, als träten wir plötzlich in einen Raum ein, wo dieses ganz stark ist, und nicht nur von einer, sondern von vielen Arten, und wir nicht wüssten, was es mit diesem Duft auf sich hat, noch wo er ist, er uns jedoch ganz durchdringt; so erscheint diese allerzärtlichste Liebe Gottes. Sie dringt in die Seele ein, und zwar mit großer Zärtlichkeit, macht sie zufrieden und satt, während sie nicht verstehen kann, wie oder woher ihr dieses Gut zukam.«[89]

Teresa überträgt wie viele andere Mystikerinnen und Mystiker die erotischen Sehnsuchtslieder zweier Menschen auf ihre inneren, tiefsten Erfahrungen der Gottesvereinigung. Mich bewegen diese sinnlichen Worte zum Einordnen meiner sexuellen Liebeskraft in der allerzärtlichsten Liebe Gottes, die durch uns fließt.

Der spanische Mystiker Johannes vom Kreuz (1542–1591), ein Weggefährte von Teresa von Avila, lässt sich als begabter Dichter vom Hohelied inspirieren. Er entfaltet in seinem Hauptwerk »Der Geistliche Gesang« kraftvolle Meditationen, die uns Menschen bestärken, eine intensive Liebesbeziehung mit Gott zu wagen. Loreena McKennith hat auf ihrer CD »The mask and mirror« sein berühmtes Gedicht »Die dunkle Nacht der Seele – The dark nigth of the soul« vertont. In ihrem berührend-kraftvollen Song wird spürbar, dass die Gedichte des spanischen Mystikers viele Liebende zur Vertiefung ihrer erotischen Liebe im Urgrund aller Liebe bestärken können. Johannes vom Kreuz schreibt zum Hoheliedvers »*Es möge deine Stimme in meinen Ohren rauschen, denn süß ist deine Stimme*« (2,14) folgende Worte, die von einem liebend-dialogischen Gott erzählen, der sich auch immer neu in der Liebe der Menschen ereignet: »Diese Stimme ist unendlich, denn, wie wir sagten, ist es Gott selbst, der sich mitteilt, indem er in der Seele zur Stimme wird; dabei passt er sich aber dem jeweiligen Menschen an, da er die Stimme der Beherztheit entsprechend dessen Begrenztheit vernehmen lässt, und schenkt dem Menschen große Wonne und Größe.«[90]

Was für ein befreiendes Gottesbild! In unserer Leib-Geist-Seele-Einheit können wir die göttliche Stimme in uns hören, die nicht statisch ist, sondern sich uns anpasst. Diese sinnstiftende Kraft ist nicht nur in intensiven Momenten der Kontemplation erfahrbar, sondern auch im Geschenk der erotisch-liebenden Hingabe.

Schön bist du
deine Verletzlichkeit scheint
durch dein Lächeln hindurch
befreit zum authentischen Dasein

Schön bist du
voller Lebenslust und Zerbrechlichkeit
lass uns verwundet aufgehoben sein
gefunden im Suchen unseres Weges

Schön bist du
in deinen Augen funkelt
eine wohltuende Vertrauenskraft
die uns selbstvergessen sein lässt

Schön bist du
in unserer Annäherung
in unserer Verschiedenheit
scheint der verbindende Grund auf

RITUALE

Der Ursprung des Wortes Ekstase liegt im griechischen Wort »ék-tasis«, was »außer sich geraten – außer sich sein – aus sich her-austreten« bedeutet. In der Ekstase gehen Menschen vollkom-men auf in einer größeren Dimension, Raum und Zeit sind wie aufgehoben, jedes Wort erübrigt sich. Zugleich lohnt es sich, sich vorher und im Nachhinein daran zu erinnern, dass sich auch in einer sexuellen Ekstase die Gegenwart Gottes hautnah erfahren lässt. Die folgenden Rituale wollen dazu bestärken.

Massage des ganzen Körpers

Mit einer gegenseitigen Massage kann ein Paar sich einen weiten Raum für die Ekstase eröffnen. Ekstase bedeutet hinaustreten, sich finden und verlieren in der Liebe, jenseits von Raum und Zeit. Dieses Geschenk ist nicht machbar. Doch beide können ein-ander unterstützen, um mit innerer Offenheit, mit wenig Erwar-tungen ganz da zu sein:

Eine Massage lässt uns zuerst »eintreten« in unser Leibsein. Eine meditative Musik, wohlriechendes Massageöl wird uns unter-stützen. Als Einstimmung kann uns ein Psalmvers auf die spiri-tuelle Dimension hinweisen:

»Ich danke dir, dass du mich so wunderbar gestaltet hast. Ich weiß, staunenswert sind deine Werke.« (Psalm 139,14)

Der Gebende berührt vor der Massage den ganzen Leib der Part-nerin mit seinen Fingerspitzen vom Scheitel bis zur Fußsohle. Ein leichtes Gleiten der Finger über den ganzen Leib wird Ent-spannung schenken. Zum Anfang und zum Ausklang dieser Übung werden folgende Worte laut ausgesprochen:

»Ich danke Gott, dass er dich so wunderbar gestaltet hat.«
oder
»Ich danke der Lebendigen, dass sie dich so wunderbar gestaltet hat.«

Danach lässt eine zärtlich-kraftvolle Massage die Empfangende noch mehr ankommen in ihrem Leibsein, im Jetzt. Beide, Gebende und Empfangender, achten immer wieder neu auf den Atemfluss. Wenn wir etwas besonders gut machen möchten, besteht die Gefahr, dass wir uns krampfhaft entspannen möchten. Die gegenseitige Ermutigung, dem Atemfluss zu folgen, weist uns den Weg zur Hingabe, auch beim zärtlichen Berühren des Geschlechtsorgans, als Ausdruck der Dankbarkeit für das Geschenk des Lebens und der Liebe. Einige Worte von Dorothee Sölle können unsere Massage in einem größeren Zusammenhang einordnen: »Wird die Erfahrung menschlicher Sexualität reicher, wenn Gott ins Spiel kommt? Wird unser Vertrauen bedingungsloser, wenn es Vertrauen in Gott ist? Auf der Suche nach einer Antwort auf diese Frage möchte ich auf den Roman ›Die Farbe Lila‹[91] von Alice Walker verweisen, besonders auf die Stelle, wo Shug ihrer Freundin Celie erzählt, wie sich ihr Gottesbild gewandelt hat: ›Ach‹, sagt sie, ›Gott mag die ganzen Gefühle. Das ist was vom Besten, was Gott gemacht hat. Und wenn du weißt, dass Gott sie mag, dann hast du einen Haufen mehr Spaß daran. Dann kannst du einfach loslassen und laufen mit allem, was läuft, und Gott damit preisen, dass du magst, was du magst.‹« Zu diesen Romanworten schreibt Dorothee Sölle weiter: »Das ist ein mystischer Text über Sexualität und Religion. ›Gott hat's doch gemacht‹ – nämlich alle unsere sexuellen Empfindungen, unsere Ekstasen und unser Vertrauen. Dies zu begreifen heißt, uns selbst als sexuelle Wesen anzunehmen und zu bejahen. Dann verschwindet der Argwohn, Sexualität sei etwas Schmutziges oder Belangloses. Wir können unseren Argwohn aufgeben und uns loslassen. Das Gespräch zwischen Celie und Shug berührt den Kern religiöser Erfahrung innerhalb der sexuellen Erfahrung. Beide, Religion und Sexualität, heilen, weil sie die Kluft zwischen uns und der Welt schließen. Wir entdecken uns als ›Teil von allem‹ und erfahren uns eins mit dem Mysterium des Lebens. Der Ausdruck ›in Gott sein‹ bedeutet, dass wir uns selbst gleichzeitig als aktiv und passiv erfahren: Wir leben, aber das Leben trägt uns weiter ...«[92]

Diese ganz einfachen Worte »Gott hat's doch gemacht« können uns beim zärtlichen Berühren des ganzen Körpers begleiten. Sie möchten uns erinnern, dass wir in einer liebenden Begegnung erahnen können, dass wir schon in Gott sind.

Segnen der Chakren

Im Psalm 45,3, einem Hochzeitspsalm, heißt es: »*Du bist der Schönste von allen Menschen, Anmut ist ausgegossen über deine Lippen; darum hat Gott dich für immer gesegnet.*« Diesen zärtlich-lustvollen Segen kann ein Paar feiern, wenn beide einander die sieben Chakren segnen. Das Wort »Chakra« heißt im Sanskrit »Rad, Kreis«. Im tantrischen Hinduismus und Buddhismus und im Yoga finden wir diesen Hinweis auf unsere subtilen Energiezentren. Die sieben Hauptchakren befinden sich entlang der Wirbelsäule als Hauptenergiezentren. Das gegenseitige Segnen unserer Chakren öffnet uns für Ekstasen, in denen das Geschlechtliche und das Religiöse nicht mehr getrennt werden. Segnen heißt im Lateinischen »benedicere«, es bedeutet »gutheißen«. Es lädt uns ein, einander voller Achtsamkeit zu begegnen und einander zum Beginn der Segensfeier zu sagen:

»Du bist die Schönste von allen, du bist gesegnet für immer.«

Wie bei allen Ritualen ist zuerst die eine Person Empfangende und die andere Gebender; danach werden diese Rollen getauscht. Beim Segnen der sieben Chakren können wir einander folgende Urwünsche mit auf den Weg geben:

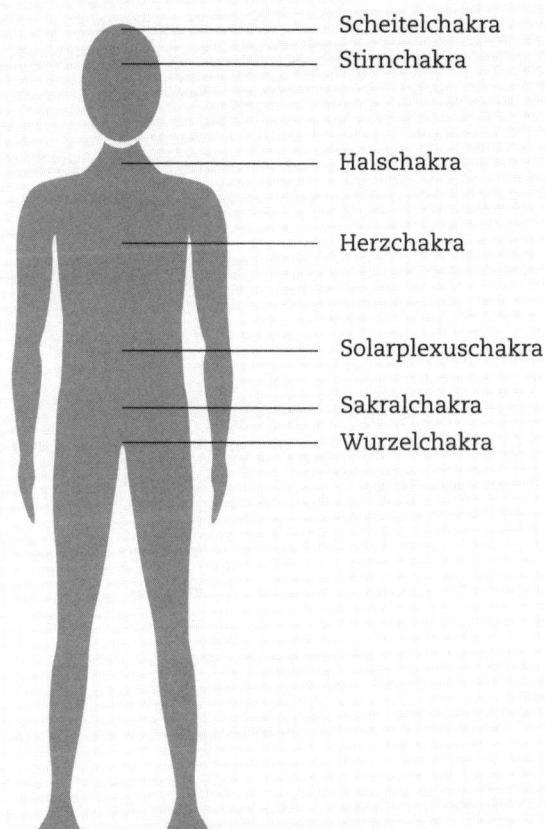

Scheitelchakra
Stirnchakra

Halschakra

Herzchakra

Solarplexuschakra

Sakralchakra
Wurzelchakra

1. Wurzelchakra: Ich wünsche dir Verwurzelung in deinem Leben, die dich zu dir selbst führt und dadurch zum Ganzen, zum Göttlichen. Dein Wurzelchakra sei gesegnet.
2. Sakralchakra: Ich wünsche dir Lust und Leidenschaft, die von deiner Sehnsucht nach dem Himmel erzählen. Gesegnet sei dein Sakralchakra.
3. Solarplexuschakra: Ich wünsche dir das Annehmen deiner Verletzlichkeit, damit du auch in deiner Zerbrechlichkeit eine Stärke entdeckst. Dein Solarplexuschakra sei gesegnet.
4. Herzchakra: Ich wünsche dir die Gabe des Mitgefühls, die dich glücklich und solidarisch werden lässt. Gesegnet sei dein Herzchakra.
5. Halschakra: Ich wünsche dir den Mut, deine Stimme einzusetzen für deine Rechte und die Menschenrechte. Dein Halschakra sei gesegnet.
6. Stirnchakra: Ich wünsche dir einen ganzheitlichen Blick, damit du hinter die Bilder und Dinge schauen kannst und damit du im Schließen der Augen klarer siehst. Gesegnet sei dein Stirnchakra.
7. Scheitelchakra: Ich wünsche dir Hingabe an die Liebe, die über dich hinausweist und die dich verbindet mit allem. Dein Scheitelchakra sei gesegnet.

Einander segnend zu begegnen, wird noch intensiver erfahren, wenn wir unseren Energiefluss öffnen lassen. Der heilende Atem Gottes ist immer schon gegenwärtig in uns. Unsere Aufgabe ist es, einander zu unterstützen, damit die Kanäle frei werden für den Fluss der Liebe.

Voll da und ganz weg: Wir sammeln Erfahrungen, in denen Raum und Zeit wie aufgehoben erscheinen

Wir alle kennen intensive Erfahrungen in unseren vielfältigen Lebensvollzügen, in denen wir voll da sind und ganz weg. Damit wir einander diese Schlüsselerlebnisse mitteilen können, sammeln wir sie:

Jede/r schließt die Augen und nimmt Verbindung auf mit der inneren Begleitung, dem Atem. Wir atmen tief ein und aus und wir lassen die Gedanken wie Wolken vorbeiziehen. Wir bereiten uns innerlich vor, uns spontan, ohne zu überlegen, an Erlebnisse zu erinnern, in denen wir für kurze Momente ganz bei uns waren, beim Spielen, Wandern, Singen, Arbeiten, Lieben ... Erfahrungen der letzten Tage und andere, ganz weit weg und doch noch nah, aus unserer Kindheit, beim ersten Kuss, beim Sterben eines Menschen, bei einer gottesdienstlichen Feier, bei einem intensiven Gespräch, beim schweigenden Gehen, bei der Geburt eines Kindes, im Kino, beim Tanzen, im Erleben eines Orgasmus, in der Meditation, beim Begleiten eines kranken Menschen ... Unserer Fantasie sind keine Grenzen gesetzt. Ohne zu werten und zu beurteilen, schreiben wir unsere Erfahrungen auf. Danach lesen wir sie einander vor, ohne einen Kommentar abzugeben ... Ein gemeinsames Lieblingsmusikstück nimmt die ausgesprochenen Erfahrungen auf und vertieft sie. Daraus kann ein Austausch entstehen, in dem das, was uns verbindet und unterscheidet, nebeneinander sein darf.

Gebärden zu »Air« von Johann Sebastian Bach

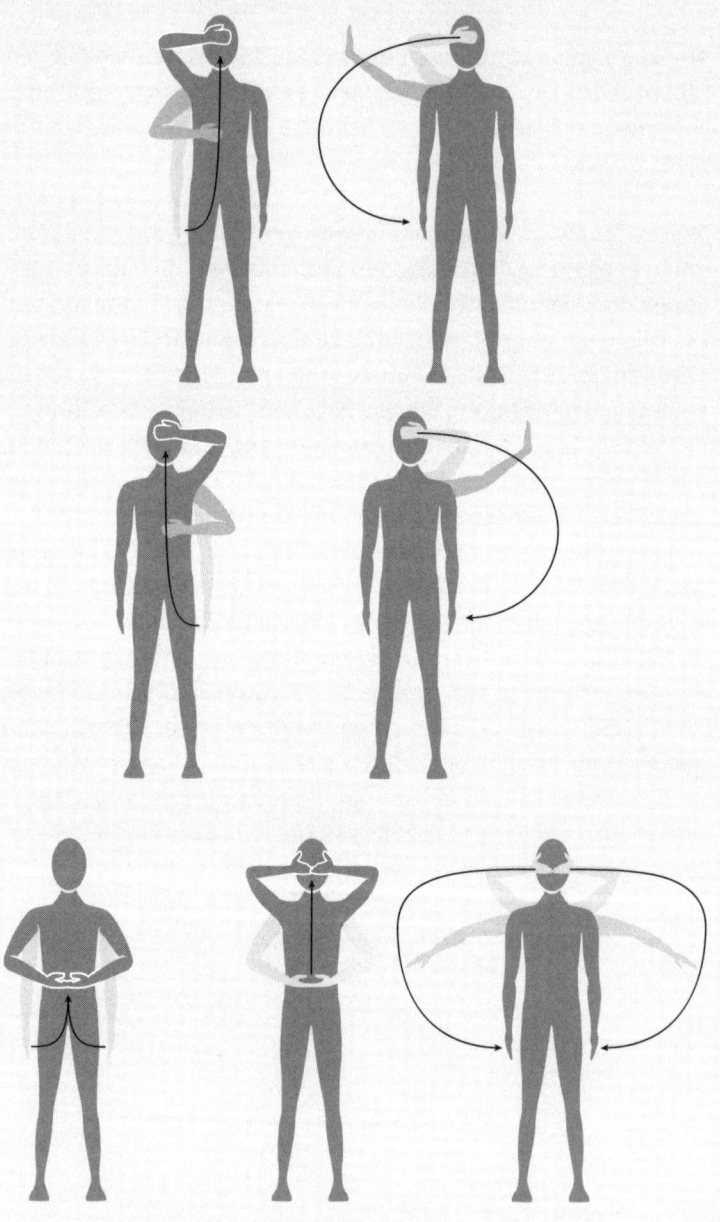

In meinen Seminaren lade ich seit vielen Jahren am Ende eines Tages die Teilnehmenden zu folgender Gebärde ein, die auch ein Paar zum Ausklang des Tages bestärken kann:

Ich stehe hüftbreit gut auf beiden Füßen, meine Knie sind nicht durchgestreckt, ein Lockern der Schultern löst meine Verspannungen, achtsames Ein- und Ausatmen verwurzelt mich im Jetzt. Der Abstand zur Partnerin, zum Partner ist groß genug, damit beide die Arme weit ausbreiten können.

Ich stehe da, stehe gerade für den heutigen Tag, voll Dankbarkeit für all das Schöne und mit der Bereitschaft, auch all das, was ich mir heute anders gewünscht hätte, anzunehmen, damit ich es besser loslassen kann.

Zum Musikstück »Air« von Johann Sebastian Bach aus seiner 3. Ouvertüre[93] beginne ich ganz langsam den rechten Arm entlang meiner Brust hochzuheben, bis meine rechte Hand vor meinen Augen ankommt. So kann ich meine Hand anschauen, um darin mein heutiges Handeln in einem größeren Zusammenhang sehen zu können. Ich verweile einen Moment mit meinem wohlwollenden Blick auf meine rechte Hand. Dann hebe ich diese Hand mit meinem Arm über meinen Kopf hinaus und breite den Arm nach rechts weit aus, bis mein Arm wieder neben meiner Hüfte angekommen ist.

Dieselbe Bewegung geschieht nun mit meinem linken Arm bzw. meiner linken Hand. Danach führe ich meine beiden Hände vor meiner Leibmitte zu einer Schale zusammen, damit ich sie hochhalten kann, bis vor meine Augen. Ich halte inne, schaue an, was sich alles in diesen Handschalen gesammelt hat, und ich bin nicht überrascht, dass Helles und Dunkles, Leichtes und Schweres ganz nahe beieinander sein können. Dann öffne ich die Schale und breite beide Arme weit aus, drehe meine Hände nach unten, damit ich alle Erfahrungen dieses Tages lassen und auch loslassen kann, Gottes Geborgenheit überlassen kann.

Dann beginnt die Gebärde wieder mit dem rechten Arm/rechter Hand, danach linker Arm/linke Hand, danach Schalenbewegung (sammeln – loslassen).

Nachklingen lassen

Sich Zwischen-Räume gönnen

Herz an Herz
liegen wir einfach da
kein Gedankenkarussell
Zeitlosigkeit umfängt uns
nacktes Jetzt

Liebendes Aufmerken
aufgehoben in jener göttlichen Dimension
die verbindet mit allem

Kuss um Kuss
den Lebensatem Gottes feiern
hineinbewegt in eine staunende Dankbarkeit

»Here is my heart, I give it to you ...«, singt Loreena McKennitt, eine meiner Lieblingssängerinnen, in ihrem Song »Never-Ending Road«, in dem sie Motive von Mystikerinnen und Mystikern wie Rumi, Hafiz, Yunus Emre, Teresa von Avila und Johannes vom Kreuz vertieft. Loreena McKennitt hat als kanadische Songwriterin ihre irischen Wurzeln entdeckt. In ihrer weich-kraftvollen Stimme lässt sich erahnen, dass die Liebe mit ganzem Leib und mit ganzer Seele als göttliche Kraft gefeiert werden möchte. Die Liebe ist das größte Geschenk unseres Lebens, das wir nie ganz haben können, sondern das uns immer neu geschenkt wird. Darum wird Liebenden zugemutet, sich von Erwartungen zu lösen, wohl wissend, dass sie zu unserem Dasein gehören. Voller Erwartung nichts zu erwarten, heißt jene hohe Lebenskunst, die wir ein Leben lang suchen, finden, verlieren, entdecken können. Sie zeigt sich uns auch in der Gabe, nach einer Ekstase Lustvolles, Unerwartetes und Unangenehmes länger nachklingen zu lassen.

Im Kultursender des Hessischen Rundfunks (hr2) sind von Januar bis April 2011 sechzehn Sendungen rund um das Thema

»Religion und Sexualität – eine spannungsreiche Beziehung« ausgestrahlt worden. Im Beitrag von Arne Kapitza »Archaische Lebenskräfte – Begehren, Lust und Leidenschaft« wird der Zusammenhang zwischen Lust und Erwartungen entfaltet: »Je größer eine unausgesprochene Erwartung, desto tiefer die Enttäuschung. Und wer sich selbst oder den anderen unter zu hohen Erwartungsdruck setzt, verwandelt das Liebesspiel in eine allzu ernste Sache. Das Ernste aber zählt, wie Zwang und Angst, zu den Feinden der Lust.«[94] Es ist wichtig zu wissen, dass das wichtigste Sexualorgan unser Gehirn ist. Dort sind alle Erinnerungen und die Fähigkeit zum Fantasieren abgelegt. Wenn sich im Gehirn in unseren Tag- und Nachtträumen erotische Gedanken entwickeln, dann spüren wir das im ganzen Körper. Wenn nach einem Orgasmus Zeit und Raum zum Nachklingen, Nachschwingen da sind, dann können wir das Schöne noch mehr auskosten und das Unangenehme nicht zu schnell überspielen, sondern ernst nehmen. Wenn beides ausgesprochen werden darf, dann ist dies ein gelungener Versuch, Erwartungen kleiner zu halten bzw. sie nicht unausgesprochen und oft unbewusst mitzutragen.

In allen Bereichen der Spiritualität geht es um das Vertiefen der eigenen Erfahrungen, um zu entdecken, dass wir mehr sind als das Erlebte, weil die heilend-göttliche Kraft uns immer neu belebt, bewegt und berührt zu neuen Begegnungen. Wir leben in einer hochsüchtigen Gesellschaft, die uns vorgaukelt, im Steigern des Konsumierens mehr genießen zu können. Wirkliches Genießen hat immer mit Auskosten zu tun. Sogar »Gott genießen zu können« (Teresa von Avila) ist möglich. Wir erfahren es, wenn wir einander bestärken, dem Schönen und Lustvollen einen Nachklang zu schenken. Ein Nachklang, in dem auch unerwartet Blockiertes und Schmerzvolles sichtbar sein darf. Ein Nachklang, in dem wir miteinander einen Bewusstseinswandel einüben, in dem wir das Verbindende anstelle des Trennenden sehen. Unsere Geistes- und Lebenshaltung ist stark geprägt von einem dualen Denken, das in uns ganz subtil eine Unruhe fördert. Unsere Sprache und unsere Körpersprache zeigen uns wie in einem Spiegel auf, ob wir uns mit unserem kleinen Ich, unserem Ego, identifizieren, weil wir zu wenig unserem tieferen Selbst, auf unseren göttlichen Kern vertrauen. Im Alltag drückt sich ein duales Denken in folgenden Sätzen aus: »Ich geh schnell schwimmen, damit ich danach schnell meditieren kann ... um Sexualität wirklich genießen zu können, will ich nicht an Religiöses denken ... wenn ich das und das erreicht habe in meinem Leben, dann bin ich glücklich.« Weil wir zu sehr in der Zukunft leben, verschließen sich unsere Türen zum Glück, die immer schon in der Gegenwart für uns offen sind.

Das himmlische Geschenk der Liebe, das uns auch in einer sexuellen Begegnung entgegenkommt, möchte intensiv in uns nachwirken, damit wir es auch in den Herausforderungen des Alltags besser abrufen können. Nachhaltig wirkt die erotische Liebeskraft in uns und in unserem alltäglichen Handeln nach, wenn wir aus unserer Mitte leben und uns Zeit nehmen, um eine ganz persönlich-intime Begegnung in einem größeren Ganzen, in Gottes Liebe, zu vertiefen.

Herz an Herz liegen wir da
eingebunden in eine größere Wirklichkeit
die auch unseren Atemfluss beseelt

Berührt in unserer Geschlechtlichkeit
eröffnet sich uns die Weite des Himmels
die uns auch zur Solidarität bewegt

Nähe und Distanz

»Der Orgasmus ist nicht alles. Er ist an diesem Abend eben nicht dran. So liegen wir noch eine Weile nebeneinander. Arm in Arm und sprechen miteinander über das, was zwischen uns in diesen Tagen ›gelaufen‹ ist. Auch das: Sprache *unserer* Liebe. Nähe und Distanz in unserer Beziehung – nirgends spüren wir sie so wie in der Sexualität, wie in der sexuellen Begegnung, in der wir ganz offen aufeinander zugehen«, schreibt Hartmut Meesmann (*1950) im Artikel »Ich schlafe mit dir. Sexualität als Sprache der Liebe«[95]. Unsere Seele drückt sich in großer Offenheit durch unsere Körper aus. Unsere Körpersprache zeigt uns in großer Klarheit, wie wir uns wirklich fühlen. Diese Lebensweisheit lädt uns ein, uns Zwischenräume zu schaffen, in denen wir das Verbindende, den göttlichen Atem in all unseren Lebensvollzügen erahnen. Da die Geschichte von Spiritualität und Sexualität von einem dualistischen Denken geprägt ist, in dem irrtümlicherweise ein großer Keil zwischen Geist und Materie, zwischen Leib und Seele eingeschlagen wurde, braucht es einen einfühlsam-entschiedenen Bewusstseinswandel, um tiefste Einheitserfahrung mit dem Urgrund aller Liebe auch in sexuellen Begegnungen zu benennen. Das Nachschwingen-Lassen einer sexuellen Begegnung, in der wir uns intensiv im Spannungsbogen von Nähe und Distanz bewegen, lässt uns spüren, wie nah und wie fern wir einander sein können.

Ich lasse mich gehen
bewege mich in unsere Liebe hinein
vergesse mich ganz
bin da in nackter Präsenz
aufmerksame Selbstvergessenheit

Einander nah-fern sein
eintauchen in die Erinnerung
liebevoll anerkannt zu sein
in meiner Einzigartigkeit

Wir atmen tief ein und aus
der heilende Atem des Ewigen
verbindet uns
unsere Körpersprache erzählt
vom Fluss der Liebe
der Ängste verwandelt
in kleine Vertrauensschritte

Dich suchen
dich lassen
staunend das Werden unserer Liebe genießen

Einander nah und fern zu sein, gilt auch für die Beziehung zum Göttlichen. Spirituelle Frauen und Männer, denen kraftvolle Gotteserfahrungen geschenkt worden sind, erzählen in vielfältig-symbolischen Worten von diesem Paradox: je intensiver die Lichterfahrung, umso größer die Wahrnehmung der Dunkelheit! Das Annehmen und Integrieren dieser Gesetzmäßigkeit ist ein wichtiger Schritt auf dem Weg der Versöhnung von Sexualität und Spiritualität. Diese Spur überwindet auch eine spirituelle Zwei-Klassen-Gesellschaft, in der leider immer noch gemeint wird, dass nur zölibatär lebende Menschen Gott intensiv erfahren können. Der Mönch Anselm Grün (*1945) und der Ehe- und Familienberater Gerhard Riedl (*1950), Familienvater von fünf Kindern, legen das Verbindende in ihrer Kleinschrift »Mystik und Eros« frei: »Der Unterschied zwischen Eheleuten und Ehelosen ist gar nicht so groß. Ob sie die Sexualität nun genital leben oder nicht, es braucht für beide eine Kultur der Sexualität, die sich in der Erotik ausdrückt. Anstatt Sexualität zu unterdrücken, müssen sie nach dem Transzendenzpotenzial (Jellouschek) suchen, das wesentlich in ihr steckt. Wenn ich der Bewegung meiner Sexualität nachspüre, dann kann sie mich über mich hinausführen und mich erahnen lassen, dass das Einswerden, das sie verheißt, über das Einswerden mit einem Menschen auf das letzte Einswerden mit Gott verweist. Es geht nicht darum, Sexualität zu beherrschen und sich dann der mystischen Erfahrung zu öffnen. Offensichtlich fließen die sexuellen und die spirituellen Energien gleichzeitig im Menschen. Die Aufgabe bestünde darin, die sich regende Sexualität immer wieder als Ansporn zu nehmen, über sie hinauszugehen und sich nach dem Gott auszustrecken, der die Sehnsucht, die sich in der Sexualität ausdrückt, erst in ihrer ganzen Tiefe zu erfüllen vermag. Wenn jemand, dem seine Sexualität Schwierigkeiten macht, in der Mystik eine Lösung seiner Probleme sieht, ist er in der Gefahr, Sexualität und Eros zu überspringen. Er wird in einer Pseudo-Mystik landen, aber nicht wirklich mit Gott eins werden. Er wird Mystik als Flucht vor seiner Sexualität benutzen, anstatt sich von seiner Sexualität und seinem Eros zur Mystik führen zu lassen.«[96]

Der Bewegung meiner Sexualität nachzuspüren, ist entscheidend für das Freilegen der göttlichen Spur in ihr. Meiner, unserer Sehnsucht folgen, die in der Sexualität zum Ausdruck kommt, wird möglich im gemeinsamen Nachklingen-Lassen von sexuellen Erfahrungen, im gemeinsamen Gespräch und im schweigenden Zusammensein in nackter Präsenz. Der bekannte Therapeut und Eheberater Hans Jellouschek bringt das mit dem Wort »Transzendenzpotenzial« auf den Punkt. Ich verstehe es als Einladung, in und hinter der sexuellen Erfahrung die tiefe Sehnsucht nach Heimkommen, nach Einssein zu erahnen. Es bedeutet in all den feinen körperlichen Schwingungen auf jene himmlischen Zwischentöne zu hören, die über uns hinausweisen und die verbinden mit der erotischen Kraft, die in allen schöpferischen Begegnungen mitschwingt.

Hineingenommen
werden wir ganz unerwartet
in eine verwandelnde Kraft
die vertrauend uns bewohnt
die hoffend uns bewegt
die liebend uns erfüllt

Aufgerichtet
werden wir zu uns selbst
eingetaucht in eine beglückende Hingabe
die uns verwurzelt und beflügelt
zu unserem Beitrag für Frieden

Hinausgeführt
werden wir ganz von selbst
in unsere Lebensaufgabe hinein
die das Glück der Liebe
mit vielen anderen feiert

Ganzheitliche Liebe

In der griechischen Sprache gibt es drei Wörter für Liebe: Agape, Philia und Eros. Im heiligen Buch des Christentums, im Neuen Testament, findet sich das Wort »Eros« leider nicht. »Agape« meint die Nächstenliebe, die sich im lateinischen Wort »Caritas« ausdrückt, und »Philia« wird als freundschaftliche Liebe verstanden. Dass im religiösen Kontext das Wort »Eros«, das für eine sinnlich-leidenschaftliche Liebe steht, ausgeklammert wurde, ist eine große Tragik, die einer trennenden Spiritualität Tür und Tor geöffnet hat. Zugleich gab es schon im Urchristentum immer wieder Versuche, »Eros« zu integrieren. Origenes (185/6–254) hat als frühchristlicher Theologe die Geschichte der Mystik nachhaltig geprägt. Obwohl er selbst große Probleme mit seiner Sexualität hatte – er kastrierte sich selbst –, war für ihn Eros, wie für Platon, eine himmlische Macht. Er verchristlicht im Kommentar zum Hohelied sogar in einer kühnen Wendung den platonischen Eros: Gott muss auch Eros sein, wenn der in uns angelegte Eros das ist, was uns zu Gott zurückführt. Er verweist auf die zentrale Bibelstelle im ersten Johannesbrief 4,8 »Gott ist die Liebe (Agape)« und setzt in seinem Kommentar das Wort »Agape« mit »Eros« gleich: »Ich denke nicht, dass man getadelt werden kann, wenn man Gott leidenschaftliche Liebe nennt (Eros/Amor), wie auch Johannes ihn Liebe (Agape/Caritas) nennt.«[97] Wenn wir in der Bibel das Wort »Liebe« lesen, dann gilt es, beide Dimensionen – Agape und Eros – zu verbinden. Für diese ganzheitliche Sicht plädiert auch der spirituelle Autor Bernardin Schellenberger (*1944), der lange als Trappistenmönch gelebt hat und danach Hausmann in einer vierköpfigen Familie wurde. In seinem Buch »Lieber Hausmann als Kirchenmann« schreibt er 1994: »Ich neige heute zum ketzerischen Gedanken: Statt zu verlangen, dass ihre Priester durch sexuelle Enthaltsamkeit ›geheiligt‹ seien, sollte die Kirche vorsehen, dass sie durch die Liebe einer Frau geheiligt seien; dass ihr Leib jene heiligende Berührung erfahre, die ihn als kostbares Gefäß offenbaren und bestätigen, als Tempel des Heiligen Geistes ... Wo eher als in gelungenen Partnerschaften und schöpferischer, treuer Liebe, also im Urmodell der Trinität, findet sich der Ort, wo Menschen etwas Wesentliches über Gott erfahren, nämlich: dass sie wie vom menschlichen, so erst recht vom göttlichen Du vorbehaltlos angenommen sind, ohne Wenn und Aber? Darin besteht doch die grundlegende Botschaft und Erfahrung des Evangeliums: dass wir bedingungslos geliebt sind, mit all unseren Schwächen, und dass diese Liebe die Kraft hat, unsere Schwächen zu heilen.«[98] Für mich sind dies keine ketzerischen

Gedanken, sondern eine notwendig-heilsame Aufforderung zu einem Umdenken, in dem die zärtliche Botschaft jenes Menschenfreundes aus Nazaret erfahrbar wird.

Unerreichbar
sind wir einander verbunden

Unnahbar
sind wir einander zugewandt

Unbegreiflich
sind wir füreinander bestimmt

Krampfhaft dich wollen
lässt mich dich verlieren

Zärtlich dich lassen
damit wir uns bleiben

In dieser Hoffnung bin ich liebend unterwegs, um verwundet aufgehoben zu sein, dank zärtlicher Berührungen und dank dem Erahnen, dass sich in den erotischen Berührungen die Liebe eines zärtlichen Gottes spüren lässt, wie sie uns durch unseren Liebhaber des Lebens aus Nazaret offenbart wurde.

In diesem Vertrauen können Liebende erahnen, dass sie einander nahe sind und diese Nähe über sie hinausweist, in die Weite des Himmels. Andreas Ebert (*1952), der Leiter des Spirituellen Zentrums »St. Martin am Glockenbach«[99] in München, hebt auch die Trennung zwischen Spiritualität und Sexualität auf: »Die glutvolle sufistische Mystik eines Rumi oder die Brautmystik des deutschen Mittelalters bedient sich ebenfalls einer unzensierten erotischen Sprache, um die Vereinigung von Mensch und Gott zu beschreiben und zu feiern. Religion ist auf die Kräfte der Ekstase und Hingabe angewiesen, um nicht trocken, dogmatisch und leblos zu werden ... Der spirituelle Weg beginnt mit dem Leib. Körperwahrnehmung ist der Anfang der Heilung und Verwandlung.«[100] Dieses leibhafte Dasein zwischen Erde und Himmel führt uns in die Mitte eines engagierten Mitseins, damit die Rechte der Menschen, der Schutz der Tiere, die Bewahrung der Schöpfung jeden Tag gefördert werden.

Fulbert Steffensky (*1933) danke ich für die herausfordernde Erinnerung, die Liebe in ihrer politischen Dimension zu leben: »Wir sagen in unseren Kirchen mit leichter Zunge, dass Gott die Liebe ist, sprechen ihm aber oft alles ab, was einen Liebhaber ausmacht: das Begehren, die Sehnsucht, die Bedürftigkeit, die Abhängigkeit. Die Liebe ist die zentrale Kategorie des Christentums, weil sie die zentrale Kategorie Gottes selbst ist ... Sie ist untrennbar verbunden mit Gerechtigkeit, ihrem politischen Namen. Wenn diese Liebe langfristig ist und ihre politische Naivität abgeschüttelt hat, dann weiß sie, was der Markt, die Ökonomie und die Beraubung der Natur den Menschen antun können. Diese öffentlich gewordene und an Öffentlichkeit interessierte Liebe verdient am ehesten den Namen ›Solidarität‹.«[101]

Wenn ich in diesem Buch Liebende ermutige, das Geschenk der erotischen Liebeskraft nachklingen zu lassen, dann tue ich es in dieser politischen Dimension. Wir unterschätzen leider unser Potenzial der Mitgestaltung an einer zärtlich-gerechteren Welt. Wir können durch unser glaubwürdiges Handeln aktiv werden und auch durch unser dankendes Innehalten. Handeln und schweigendes Nachklingen haben eine heilende Wirkung auf unsere Welt. Menschen, die miteinander die Schönheit ihres Leibes, ihrer Hingabe feiern, weil sie dadurch an die Schönheit Gottes erinnert werden, brechen danach miteinander auf, um diese Schönheit im Engagement für Frieden in Gerechtigkeit freizulegen und zu fördern. Wenn wir die Tiere als Mitgeschöpfe sehen, wenn wir Menschen in unserer Nachbarschaft freundlich begegnen, wenn wir mit Amnesty International regelmäßig Protestbriefe versenden, wenn wir uns in der Anti-Atomkraft-Bewegung engagieren, dann verwirklichen wir eine zärtlich-ökologische Lebensgestaltung. Zärtlichkeit entfaltet sich auch, wenn wir uns selbst morgens im Spiegel mit einem Lächeln begrüßen, damit wir trotz vieler Herausforderungen den Tag hindurch in unseren Begegnungen dem Leben zulächeln.

Aufblühende Menschen
versöhnende Hände
strahlende Kinder
zärtliche Begegnungen
erzählen von Deiner Schönheit

Beherztes Dasein
kämpferischer Aufbruch
aufatmendes Innehalten
staunende Dankbarkeit
erzählen von Deiner Schönheit

Befreiender Tränenfluss
aufgebrochene Ohnmacht
unaufhaltsame Hoffnungskraft
teilende Menschen
erzählen von Deiner Schönheit

Deine Schönheit ist nicht fassbar
sie ist schon mitten unter uns

Ansteckende Leichtigkeit

Leichtigkeit und Mitgefühl, Lachen und Weinen, Engagement und Genuss, Empörung und Zustimmung sind keine Gegensätze. Liebende Menschen suchen jeden Tag eine gesunde Balance, um gut mit sich selbst und mit anderen sein zu können. Dies gelingt mehr oder weniger und das ist gut so! Das biblische Hohelied der Liebe ermutigt uns zu dieser Fülle des Lebens, in der das Lustvolle und Zerbrechliche, das Aufgehobensein und die Verlorenheit sein dürfen. Jedes biblische Buch hebt einzigartig ein Lebensthema hervor. Im Hohelied finden wir die Einladung zum lustvollen Dasein als spirituelle Kraftquelle, die Kreise der Solidarität fördert. Otto Betz (*1927), Professor für Religionspädagogik, fasst in einem bemerkenswerten Artikel den aktuellen Wert dieser erotischen Lieder zusammen: »Beim Hohelied verwundert es, dass es eine solche Leichtigkeit hat, eine Heiterkeit, die geradezu ansteckend wirkt. Da wird nicht gemahnt und gewarnt, da werden nicht Gefahren benannt und Strafen angedroht, vielmehr werden das Leben und die Liebe in glühenden Farben geschildert, der ganze Zauber erotischer Spannung wird eingefangen und als großes Geschenk empfangen, das dem Menschen gewährt wird ... Natürlich wissen wir alle: Das ist nicht das ganze Leben. Es gibt andere Seiten, ernstere Kapitel in unserem Lebensbuch. Aber diese frühlingshafte Phase hat ihr eigenes Gewicht und soll nicht in Misskredit gebracht werden ... Eros und Sexualität gehören zu den großen Geschenken, die wir vom Schöpfer mitbekommen haben. Sie sind die Grundkräfte, ohne die es in der Welt nicht weitergehen kann. Die Lusterfahrung ist eine göttliche Gabe, durch die wir selbst nicht nur zu schöpferischen Wesen werden, die das eigene Leben weitergeben können, sie befähigt uns auch, lustvoll in der Welt zu wirken und an der Verwandlung der Schöpfung teilzunehmen.«[102] Mit großer innerer Zustimmung entdecke ich in diesen Worten zentrale spirituelle Grundhaltungen, die entscheidend sind für mehr Menschlichkeit und Mitgefühl. Sie atmen eine lebensbejahende

Frohbotschaft, die unsere Welt dringend braucht, damit wir uns nicht in die Isolation der Ohnmacht zurückziehen und unsere Verantwortung als Weltenbürger nicht mehr wahrnehmen. Ich sehe darin die Zusage, mitten im Leben, im Humor und im Fließenlassen der Tränen, auf(er)stehen zu können für mehr Lebensqualität. Echtes Genießen wird nicht in Konsumoptimierung erfahrbar, sondern im alltäglichen Auskosten des schöpferischen Geschenks des Eros, das uns zu einer ansteckenden Leichtigkeit berührt, damit wir einander auch in den dunklen Stunden der Nacht beistehen.

RITUALE

Einander mit einem Musikstück begrüßen

Die kreative Vielfalt unseres Lebens können wir miteinander teilen und verbinden, wenn wir einander durch ein Musikstück, ein Gedicht, ein Gebet mitteilen, was uns tief anrührt:

Wir sitzen einander gegenüber, lassen uns Zeit, um wirklich im Raum anzukommen. Wir atmen tief ein und aus. Wir sitzen einige Minuten schweigend da, um einander zu erinnern, dass wir aufgehoben sind in einem größeren Ganzen, in Gottes Geborgenheit. Danach kann jeder laut ein Gedicht, einen Meditationstext vorlesen oder einen Lieblingssong einspielen. Wir teilen einander mit, was uns an diesen Worten, an dieser Melodie besonders gefällt und bewegt.

Auf der Haut Klavier spielen

Im wunderschönen Lied von Alexander Bayer »Ich hab Rosen dir auf's Bett gelegt« vom Ensemble Entzücklika, mit dem ich manchmal Konzertlesungen gestalte, finde ich die Inspiration, auf der Haut Klavier zu spielen:

»Meinen Glückwunsch, meinen Segen auch:
Ich fahr gut und gern mit dir,
fahre gern dir auch mal über'n Bauch
und spiel auf deiner Haut Klavier.«[105]

Leicht-verspielt finden meine Finger den Weg zu deiner Haut, um dich zärtlich zu berühren, um auf deiner Haut Klavier zu spielen. In diesem Ritual kann unser Lachen gestärkt werden. Wir brauchen mehr denn je die Kunst des Lachens als Stärkung für ein beherzt-solidarisches Mit-Sein.

Beten mit einem meditativen Yoga-Begrüßungsritual

Die Partner stehen sich aufrecht gegenüber und schauen einander in die Augen. Jede/r atmet bewusst ein und aus und achtet darauf, dass die Fußsohlen guten Kontakt zum Boden haben. Die Atem-Achtsamkeit hilft jedem, sich von innen her aufzurichten. Verspannte Stellen werden besonders liebevoll beatmet. Die Atemqualität soll lang und fein sein, damit sie guttut.

Nach der Begrüßung beginnen die Partner sich langsam und gemeinsam zu den folgenden fünf Gebärden zu bewegen und zu atmen, jeder in seinem eigenen Rhythmus. Die fünf Gebärden laden ein, verschiedene Dimensionen unseres Lebens zu vertiefen: Breite, herzwärts, Länge, Tiefe und Höhe[103].

Wenn dieser Ablauf beendet ist, gönnt sich jede/r einen langen Atemzug – ein kleines Innehalten, um danach wieder von vorne zu beginnen, insgesamt fünf Mal.

Am Schluss gehen die Partner aufeinander zu, umarmen sich und stellen sich einander auf die Füße, als Ausdruck des Zueinander-Stehens. Ein Aufatmen schenkt gemeinsame Lebenskraft und Lebensfreude.

Als Ausklang gehen die Partner wieder einen Schritt auseinander und verneigen sich voreinander mit dem gegenseitigen Wunsch:

»Gesegnet sei dein Weg, jeden Tag neu.«

Inspiriert von der Yoga-Lehrerin Madeleine Keel-Wyss[104]

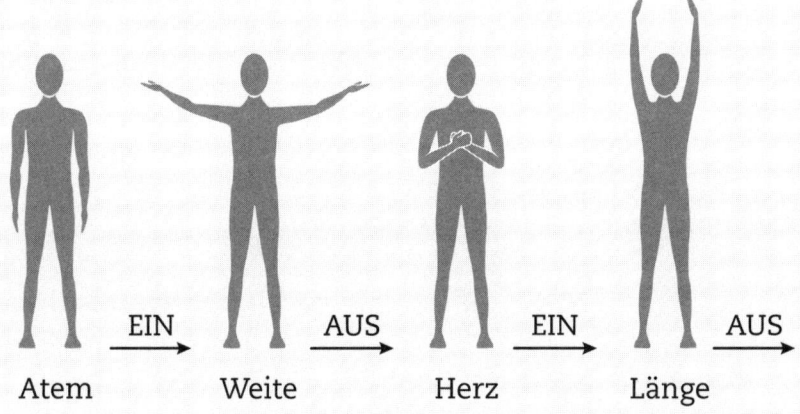

Atem — EIN → Weite — AUS → Herz — EIN → Länge — AUS →

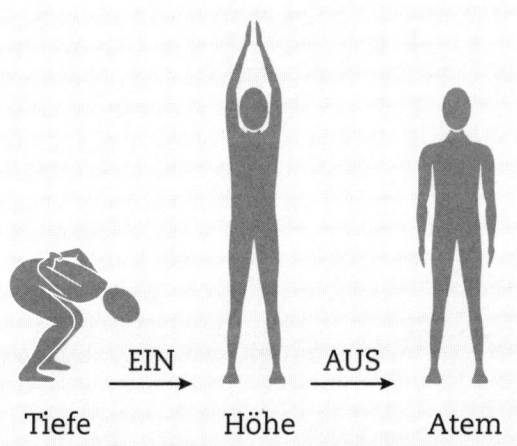

Tiefe — EIN → Höhe — AUS → Atem

Erotische Lebenskultur im Alltag
Engagement für eine
zärtlich-gerechtere Welt

———

Ein Kuss auf den Nacken
löst meine Verkrampfung
lässt mich staunend
dein berührendes Vorbeigehen genießen

Ein leuchtendes Teelicht
weist über uns hinaus
verbindet uns mit Menschen
die vom Leben gebeutelt sind

Ein wärmendes Badetuch
erwartet mich hinter dem Duschvorhang
lässt mich spontan
dein berührendes Abtrocknen auskosten

Ein Stück Brot
legst du mir beim Essen in die Hand
diese kleine Geste des Teilens
lässt uns dankbar werden

»Hast du alles probiert? Hast du alles versucht? Hast du alles getan? Wenn nicht, fang an ... weil dein Herz noch Feuer fängt, weil dein Herz die Liebe kennt: Du bist am Leben. Wir sind am Leben«, heißt es im Titelsong des Albums »Wir sind am Leben« (2011) des Pop-Duos »Rosenstolz«. Ich tauche gerne in dieses Lied ein, das zum Tanzen bewegt. Ich will nicht mehr alles tun, doch mein Möglichstes. Ich muss nicht mehr etwas tun, weil auch mein zärtliches Dasein ein Beitrag ist zum Frieden auf der Welt. Diese spirituelle Grundhaltung, die nicht mehr trennt zwischen Tun und Sein, wünsche ich allen Liebenden. Immer wieder klingen seit zwanzig Jahren in meinen Meditationen die Worte »zärtlich-gerechtere Welt« an.

Als ich Anfang der 1990er-Jahre ein offenes Kloster mitbegründet habe, war es mir wichtig, das zentrale christliche Gebet Jesu, das Vaterunser, leicht zu verändern. Nach intensiven Diskussionen im Team haben wir uns entschieden, die Gäste einzuladen, mit uns zu beten »Mutter/Vater unser – führe uns in der Versuchung – dein ist das Reich, die Kraft und die Zärtlichkeit«. Seit zwanzig Jahren bete ich nun dieses Gebet in dieser Form und es hat mich nachhaltig verwandelt. Jeden Tag im Beten Gott auch als Zärtlichkeit zu erfahren, der mich im Innersten begleitet in all den Herausforderungen, ist mir zum Hoffnungsgrund geworden. Viele Menschen unterschätzen die Tiefenwirkung der Worte und meinen, es spiele doch keine Rolle, ob wir Herrlichkeit oder Zärtlichkeit sagen.

Mit diesem Buch will ich aufzeigen, wie entscheidend es ist, welche Worte ich wähle, weil sich hinter ihnen ein Menschen- und Gottesbild ausdrückt, das uns ganz unbewusst im Alltag prägt. Der Berner Dichterpfarrer Kurt Marti (*1921) hat diesen zentralen Aspekt in seinen Büchern vielfältig entfaltet. Ermutigend provokant schreibt er 1976: »Nichts ist verletzlicher, wehrloser, schwächer als Zärtlichkeit. Deshalb weiß auch die Theologie wenig mit ihr anzufangen, denn Theologen pflegen in Kategorien der Macht, sogar der Allmacht zu denken, ihr jahrhundertealtes Verhältnis zu den je herrschenden irdischen Mächten hat ihre Gottesfantasie verdorben ... Weil Gott Liebe ist (1. Johannes 4,8 und 16), ist er zärtlich. Weil er vollkommen zärtlich ist, bleibt er schwächer als wir Menschen, die nur gelegentlich, nur partiell, nur unvollkommen zärtlich sind ... Herrschaftsansprüche zerstören die Zärtlichkeit. Zärtlichkeit ist eine Exorzistin von Herrschaftsansprüchen, das ist ihre soziale Brisanz.«[106]

Unsere Welt braucht Frauen und Männer, die mitten im Alltag immer wieder einen Weg der Zärtlichkeit wagen. Einen partnerschaftlichen Weg der Gleichberechtigung, auch in all den beruflichen Herausforderungen, die uns zugemutet werden. Jeden Tag werden wir mit himmelschreienden Gewalttaten konfrontiert, die wir verkraften müssen. Um in dieser noch nie da gewesenen

Fülle von Schreckensmeldungen nicht hart, bitter, zynisch, menschenfeindlich zu werden, braucht es »die tägliche Erfindung der Zärtlichkeit«[107]. Sie wird uns geschenkt, wenn wir uns regelmäßig den Tag hindurch Atempausen gönnen, in denen wir die Augen schließen, um klarer zu sehen, wie die Zärtlichkeit Gottes uns bewohnt und zum Aufstand für das Leben ermutigt. Richard Reschika (*1962) hebt in seiner »Theologie der Zärtlichkeit« zwei hervorragende Persönlichkeiten des 20. Jahrhunderts hervor: Pierre Teilhard de Chardin und Albert Schweitzer. Beide haben hellsichtig erkannt, »dass Ökologie nicht nur ein technologisches, sondern auch ein überaus spirituelles Thema ist. Sie zeigten auf, dass die Menschen zu einer sensibleren, zärtlicheren Art der Wahrnehmung gelangen müssten, wenn sie überleben wollten«[108].

Berührt
zum Wagnis der Liebe
gemeinsam der eigenen Tiefe
nicht mehr ausweichen
eintauchen in jene göttliche Kraft
die dank ihrer erotischen Anziehung
Menschen aufblühen lässt

Bewegt
zu einer inneren Reise
die jegliche Trennung aufhebt
Sexualität und Spiritualität
als verbindende Brücke entdeckt
die Menschen von der Angst erlöst

Befreit
zu einem einfachen Lebensstil
die Zärtlichkeit als
ökologische Grundhaltung vertieft

Tiere als Mitgeschöpfe achtet
die erotische Liebeskraft feiert
als das Verbindende mit allem

Erotische Alltagskultur

»Eros ist im Gegensatz zu zweckgerichteter Triebhandlung die Kunst der vielen Umwege, Listen, Entzückungen, die Körper und Geist gleichermaßen vergnügen. Nicht Triebabfuhr, sondern Triebblüte! Nicht Hopphopp-Erledigung, sondern lustvolle Zeitverschwendung, Zärtlichkeit! ... Eros ist sozusagen eines der Vitamine der Agape, das Vitamin elementarer Lebensbejahung, Lebensfreude. Ohne dieses Vitamin droht die Agape zur Überforderung, zum Krampf, schließlich zur lustlos absolvierten Pflichtübung zu werden. Darum ist es verhängnisvoll, wenn etwa im Namen der Agape die erotische Grundfähigkeit des Genießens verdächtigt und verteufelt anstatt entwickelt wird«[109], schreibt Kurt Marti. Diese Worte sind Balsam für meinen Leib, meinen Geist und meine Seele. Als Kind habe ich ein klares Kriterium kennengelernt, um den Willen Gottes zu entdecken: Er ist da, wo es schwierig und mühsam für mich ist, wo ich mich anstrengen muss. Sicher nicht in der Lust und im Genießen! Diese lebensverneinende Sicht hat mich krank gemacht. Sie ist ein Verrat an der Botschaft der Lebensfreude aus Nazaret. In den heilenden

Begegnungen Jesu mit vielen Menschen wird eine Kultur der Zärtlichkeit erfahrbar, die Menschen zu sich selbst entlässt. All diese Heilungsgeschichten sind für mich Selbstverwirklichungsgeschichten. Jesus begegnet Frauen und Männern, Jung und Alt, mit einfühlsamer Zärtlichkeit, damit sie die heilend-göttliche Kraft in sich entdecken und zum Wohle der ganzen Gemeinschaft fließen lassen.

Mitten im Alltag brauchen wir die Erinnerung, dass wir mehr sind als unsere Gedanken, unsere Leistung, unsere Verwundungen, weil eine göttlich-erotische Kraft uns von innen stärkt und belebt, damit wir uns liebend engagieren können für eine Kultur der Zärtlichkeit. Wir sind aufgerufen, uns zu wehren für mehr Lebensqualität. Es braucht unseren Widerstand, um nicht gelebt und vermarktet zu werden. Die evangelische Theologin Ina Praetorius (*1956) ermutigt uns, das göttliche Interesse in unserem Leben neu zu entdecken: »Das alltägliche Wort ›Interesse‹ stammt aus dem Lateinischen und heißt: DAZWISCHENSEIN. Was dazwischen weht, kann man nicht einfangen, auch nicht in beruhigend berechenbare Rituale sperren. Beziehungen lassen sich pflegen, aber niemals endgültig ordnen. GOTT ZWISCHEN mir und den anderen ist irritierend, aber existent. Und göttliches Dazwischenfahren, so gefährlich es rechtschaffenen Theologen erscheinen mag, hat Zukunft in einer ökonomisch, politisch, kulturell und religiös vernetzten Welt.«[110] Dies ist für mich eine inspirierende Umschreibung, die unseren Alltag verwandeln kann: dem Dazwischenfahren Gottes einen Raum schenken. In unserem Dasein, mit all seinem Auf und Ab, lässt sich das zärtliche Dasein Gottes erfahren, das uns nicht nur innere Ruhe schenkt, sondern uns zu einer »heiligen Unruhe« (Teresa von Avila) bestärkt, dem Leben zuliebe. Ich werde im Innersten tief berührt durch den kraftvoll-einfachen Gottesnamen »Ich-bin-da« (Exodus 3,14).

Der evangelische Pastoraltheologe Joachim Friebe (*1937) engagiert sich mit Leidenschaft für den lebensbejahenden Gottesnamen »Ich-bin-da«, der im biblischen Originaltext 7.000-mal aufscheint und leider meistens mit »Herr« übersetzt wurde. Wie entscheidend diese drei Worte sein können, zeigt Joachim Friebe im Dialog eines Paares auf, Anna und Charly. Auch im Teilen von Brot und Wein lässt sich eine zärtliche Alltagskultur entdecken: »Anna sagt: ›Ist das nicht eine unglaublich starke Geste? *Ich-bin-da* und der Mensch verschmelzen miteinander, wie Nahrung mit dem Körper völlig verschmilzt! *Ich-bin-da* ist in uns drin, Charly, wenn ich dich ansehe, sehe ich zugleich *Ich-bin-da* an! Gott sieht sich zugleich selbst an, wenn wir zwei uns ansehen. So müsste es doch dann sein.‹«[111]

Ein zärtlicher Augenblick, eine zärtliche Geste kann unseren Alltag verwandeln. Jedes Mal, wenn ich beim Essen achtsam ein Stück Brot breche und teile, dann erinnere ich mich an diese zärtliche Zusage: Ich bin da! Diese Aufmerksamkeit durchbricht unser Funktionieren und holt uns in eine Weite hinein, die uns aufatmen lässt. Diese erotisch-liebende Lebenskraft wird uns bis »Open-end« geschenkt. Filme wie »Wolke 9« (2008) vom deutschen Regisseur Andreas Dresen und das österreichische Werk »Anfang 80 – Für junge Liebe ist es nie zu spät« (2011) vom Regieduo Sabine Hiebler und Gerhard Ertl zeigen uns, wie die erotische Liebeskraft uns in jedem Alter neu beglücken und verunsichern kann[112]. Georg Schützler, der Initiator der Nachteulengottesdienste in Ludwigsburg, hat in seinem Buch »Liebe grünt in grauen Zeiten« die mythische Erzählung »Philemon und Baucis« des römischen Dichters Ovid (43 v.Chr.–18 n.Chr.) in unseren Alltag hineingewoben. Georg Schützler, seit 35 Jahren mit Ruth verheiratet, Vater von drei Töchtern und einem Sohn, macht Mut, nicht »bis zur Unkenntlichkeit verheiratet« zu sein! In einer Partnerschaft ich selbst zu werden und zu bleiben, ist ein zentrales Anliegen einer zärtlichen Alltagskultur, in der wir uns auch wehren, unsere Liebe den unmenschlichen Zwängen der Industrie zu opfern: »Die persönlichen Lebensenergien werden auf den Firmenaltären geopfert, zum Wohlergehen der Geschäftsführung, der Vorstandsetage und deren Finanzinvestoren. Wer pünktlich geht, ist ein Leistungsverweigerer. Dass zu Hause Partner oder Partnerin oder gar Kinder warten, ist weit hinten anzustellen.«[113] Ich bin berührt, dass der evangelische Pastor diese zärtliche Achtsamkeit und Widerstandskraft im Motiv eines »priesterlichen Umgangs mit sich selbst« verdichtet: »Priester sein im eigenen Liebestempel. Achtsam und fürsorglich mit sich selbst und der eigenen Beziehung umgehen. Ein geniales therapeutisches und menschenfreundliches Motiv.«[114] So werden unsere Lebenskräfte freigelegt für die lebensbejahende Erinnerung, Abbild Gottes zu sein.

Nackt einander zugewandt
angezogen von unserer erotischen Liebeskraft
die stärker ist als Ängste und Scham

Schützend einander erkennen
als kostbares Abbild Gottes
das unseren Augen ein Funkeln schenkt

Losgelöst einander verbunden
in enthüllender Aufrichtigkeit
in beherzten Augenblicken

Sehnsucht und Verletzlichkeit
werden freigelegt
in unserer bergenden Hingabe

Zu uns selbst entlassen
zu einem solidarischen Weg
der uns verbindet mit allem

Unsterbliche Liebe

»Einen Menschen lieben, heißt ihm sagen, du wirst nicht sterben«, schreibt der französische Philosoph Gabriel Marcel (1889–1973). Diese Hoffnung möchte uns bestärken, dass jede Liebe größer ist als unsere Endlichkeit, unser Sterben. Darum versuche ich jeden Tag noch intensiver, das Geschenk der Liebe dankbar anzunehmen und zu feiern.

Miteinander liebend unterwegs zu sein, heißt teilend mitten im Leben zu stehen.

Miteinander einzutauchen in das Geschenk der Liebe, heißt jene Gaben und Talente weiterzuschenken, die dank dieser Beziehung neu entfaltet werden.

Miteinander Partnerschaft zu wagen, heißt einander zusprechen, dass unsere Angst verwandelt werden kann: eine anspruchsvolle und dauernde Herausforderung!

Miteinander die Liebe zu teilen, heißt auch jeden Tag neu zu verinnerlichen, dass das Sterben zum Leben gehört – leise vertrauend, dass auch der Tod die Kraft der Liebe nicht zerstören kann.

Die unerhörte Erfahrung der Brotvermehrung, die wir in allen vier Evangelien entdecken können, erzählt von dieser verrückten Hoffnung, dass Menschen über sich selbst hinauswachsen können, wenn sie auch das wenige, Leben und Sterben, miteinander teilen. »Wir haben hier nur fünf Brote und zwei Fische«, sagen die Jüngerinnen und Jünger Jesu (nach Matthäus 14,17). Jesus eröffnet ihnen eine neue Perspektive, er schaut himmelwärts, um uns alle zu erinnern, dass jetzt schon mehr möglich ist, als wir erahnen. Im Zusammenbringen des Wenigen entsteht eine Kraft, die auch andere anstiftet, die Angst, zu kurz zu kommen, verwandeln zu lassen.

Miteinander das Geschenk der Liebe Gottes auszukosten und zu genießen, heißt gastfreundliche Menschen zu werden, die auch andere Anteil haben lassen an der verwandelnden Kraft der Liebe.

Miteinander die eigenen Schattenseiten nicht zu überspielen, heißt auch das miteinander zu teilen, was wir noch nicht haben! Eigene Zweifel, Ängste und Verunsicherungen mitzuteilen, erlaubt auch anderen Menschen, in ihren Beziehungen authentisch zu sein.

Miteinander dem Glück entgegenzugehen, heißt Segen füreinander zu werden, im Aufbruch für Brot und Rosen!

Der Theologe und Psychotherapeut Eugen Drewermann (*1940) erinnert auch an die Unsterblichkeit der Liebe, die unseren Alltag verwandeln kann: »Eine jede Liebe aber, die den anderen in der Schönheit seines Wesens entdeckt, die warm genug ist, seine Kräfte auf Gott hin zu entfalten und sein Herz weit genug zu machen, um Gott in sich aufzunehmen, eine solche Liebe kann nur denken, dass der andere unsterblich ist. Sie selbst ist das sprechende Zeugnis von Gottes ewiger Güte.«[115] Der Alltag ist auch der Ort, an dem wir miteinander die Zärtlichkeit Gottes entdecken. Ein Lächeln, eine zärtliche Geste, ein aufrichtendes Wort, ein versöhnendes Aufeinander-Zugehen schenken unserem Leben eine beglückende Dimension. Hans Jellouschek (*1939) entwirft aufgrund seiner 30-jährigen Erfahrung als Paartherapeut in zehn Schritten einen Weg, der Partnerschaft lebendig hält. Darin entdecke ich die überraschenden Worte »Gerechtigkeit kommt vor Liebe«. Jellouschek ist überzeugt, dass es in einer Beziehung aufs Ganze gesehen fair zugehen muss. Es bedeutet, besonders im Alltag achtsam wichtige Lebensthemen wie Autonomie und Bindung, Bestimmen und Sich-Anschließen, Geben und Nehmen anzugehen und zu vertiefen. Spannend finde ich darin den Hinweis eines amerikanischen Paar-Forschers, John Gottmann, der herausgefunden haben will, dass fünf positive Impulse einen negativen in seiner Wirkung neutralisieren: »Das Positive, die Anerkennung, das Lob, die Zeichen der Zuneigung müssen – faire oder unfaire – Kritik ein gutes Stück überwiegen, damit sie ihr Ziel, nämlich Veränderung, erreichen.«[116] Ein zärtlicher Alltagsweg konkretisiert sich im kreativen Aussprechen von Lob und Anerkennung, auch ohne Worte, damit auch konstruktive Kritik eine Beziehung stärkt.

Unerwartet einander zugewandt
im Suchen nach dem Wesentlichen
herausgefordert zum authentischen Dasein
befreit aus dem Gefängnis der Angst

Durch-kreuzte Lebenspläne
verunsicherte Perspektiven
miteinander aufbrechen
zum aufrechten Gang

Im Innersten berührt
zur erotischen Liebeskraft
die vom Himmel her euch
zum Lebensbund zusammenführt

Befreit zu euch selbst
zur Gastfreundschaft
zum mitfühlenden Unterwegssein
zum herzhaften Lachen

Dankbar-staunend
das Geschenk eurer Liebe feiern
als Segenszeichen
eines zärtlichen Gottes[117]

Rituale

Am Morgen dem Leib Gutes tun

Ob Nachteule oder Lerche, wir können einander schon am Morgen zum Staunen ermutigen. Beim Erwachen schmiegen sich beide intensiv aneinander und jemand liest als Einstimmung folgende Worte vor:

Am Morgen sein dürfen
einander zugewandt
im schweigenden Staunen

Traumhaft schön
einander begegnen
miteinander danken
für das Geschenk des Lebens

Am Morgen dem Leib Gutes tun
uns herzhaft bewegend
in den kommenden Tag hineinbeten
das Qi, die Lebensenergie wecken
tief ein- und ausatmend
aus der inneren Quelle schöpfen

Die Schwere der Nacht
die unangenehmen Träume
die schlaflosen Momente
bewegend gehen lassen
eine gute Balance finden
die uns den Tag hindurch
tragen und verbinden wird

Den Alltag mit Zärtlichkeit durchschreiten

Die Konkretisierung großer Lebensthemen beginnt bei jedem selbst. Zärtlichkeit kann sich als Segen Gottes in mir entfalten, wenn ich den Tag hindurch, alle dreißig Minuten, einen Moment tief durchatme:

❦ Ich schließe einen Moment die Augen, atme tief ein und aus.
❦ Ich stehe auf, strecke, räkle mich, entspanne mich mit einem kräftigen Gähnen und Stöhnen.
❦ Ich achte auf meinen Stand, meinen Standpunkt und lasse meine Füße fest auf dem Boden.
❦ Ich kreise meine Schultern, atme tief in die Verspannungen ein und aus.
❦ Ich reibe meine Hände, wecke das Qi, meine Lebensenergie.
❦ Ich lege meine warm geriebenen Hände einen Moment auf meine geschlossenen Augen.
❦ Ich lege meine Ellbogen auf meine Knie und lasse den Oberkörper tief nach unten hängen, damit mein Nacken sich entspannen kann.
❦ Ich benutze bewusst die Treppe anstelle des Fahrstuhls, um mich im Gehen zu entspannen.
❦ Ich schüttle meine Hände und Arme aus, anfangs ganz leicht und danach immer kräftiger.

All diese kleinen Entspannungsübungen schenken mir eine entspannende Wirkung, wenn ich sie in einer Regelmäßigkeit einübe. Ich kann sie als Gebet sehen: »Mein Atem ist mein Gebet« (Hildegard von Bingen).

Heute schon geküsst?

Zärtlichkeit schenkt sich uns, wenn wir beim Vorbeigehen einander einen Kuss schenken, ein Streicheln, ein Lächeln, eine Geste der Ermutigung ...

Zärtlichkeit zieht auch Kreise durch eine E-Mail, einen Telefonanruf, eine SMS, in denen ich »nur« wiederhole, was uns bekannt ist und wir doch nie genug hören können: ich liebe dich, je t'aime ...

Zärtlichkeit entfaltet sich im Unerwarteten: Ein kleiner Zettel auf dem PC oder im Kühlschrank mit den Worten »Ich bin gern mit dir in diesem Leben« kann den Alltag bereichern.

Zärtlichkeit kann auch in sehr schwierigen Lebenssituationen eine heilende Wirkung entfalten. Das Pop-Duo »Rosenstolz« singt in seinem Lied »Beautiful«: »Küss die Angst aus meinem Gesicht.« In diesen wenigen Worten können wir erahnen, wie sogar die Angst durch einen zärtlichen Kuss verwandelt werden kann, nicht ein für alle Mal, sondern immer wieder neu.

Miteinander die CD »Das Hohelied Salomos« (2005) von der Musikgruppe »Popol Vuh« genießen

Die Musikgruppe »Popol Vuh« ist durch die Soundtracks zu einigen Filmen von Werner Herzog bekannt geworden, z.B. »Aiguirre, der Zorn Gottes«, »Fitzcarraldo«, »Herz aus Glas« und »Nosferatu«. »Popol Vuh« hat in den 30 Jahren seiner Existenz Musikgeschichte geschrieben. In dieser Musik, die stark durch den gebürtigen Lindauer Florian Fricke (1944–2001) geprägt ist, wird kreativ das Verbindende zum Klingen gebracht. Florian Fricke sagt: »Es ist schwer zu verstehen, dass wir als Menschen wohl Einzelne und doch verbunden sind als eine Einheit. Egal, ob schwarz oder weiß, gelb oder rot – wir sind *eine* Menschheit. Wenn Politik und Religionen immer wieder von Neuem Trennungen schaffen, ist

es umso mehr die Aufgabe und die – nur vordergründig ohn-
mächtige – Möglichkeit der Kunst, verbindend und einigend zu
wirken.«[118]

Es ist darum nicht überraschend, dass die Gruppe das biblische Hohelied entdeckt und vertont hat. Es lädt Liebende ein,
durch das gemeinsame Hören der Lieder, in eine tiefere Verbundenheit mit allem einzutauchen. So kann meditatives Hören und
Tanzen von Musik zur Kraftquelle werden, die danach auch im
konkreten Handeln weitere Kreise ziehen wird.

Nachklang:
Lust auf das Hohelied

Als Nachklang zu diesem Buch habe ich nochmals langsam-meditativ die acht Kapitel des biblischen »Liedes der Lieder« gelesen und vertieft.[119] Nach einem längeren Schließen der Augen habe ich jene acht Verse ausgewählt, die mich jetzt am meisten berühren. Von ihnen habe ich mich zu den folgenden acht Nachklang-Meditationen inspirieren lassen. Sie runden mein Plädoyer für eine Versöhnung von Sexualität und Spiritualität ab.

Du
kommst mir entgegen
nimmst mich zärtlich-fest
in deine Arme

Ich kann endlich ankommen
bei mir
bei uns
beim ewigen Du

Wir stehen gerade für unsere Liebe
sie verzaubert uns
sie verwandelt uns
sie berührt uns
für eine zärtlichere Welt

Du
küsst mich zärtlich-wild
begleitest mich hinein
in jene ewige Dimension
die unseren Alltag erhellt

»Küssen soll er mich mit Küssen seines Mundes.
Ja! Gut ist deine Liebe, besser als Wein.« (1,1)

Lange
habe ich mich nicht getraut
zu jemandem zu gehören
zu groß waren Ängste und Verlorenheit

Lange
schreckte ich zurück vor Verbindlichkeit
wollte meine kostbare Freiheit nicht verlieren
blieb hinter meiner Sehnsucht zurück

Langsam
weichte mein Misstrauen auf
behutsam
verwandelte sich Angst in Vertrauen

Tränen des Glücks fließen
weil ich sagen kann
dass wir zusammengehören
verbindlich frei

Tiefe Dankbarkeit
bewohnt mich
weil wir erahnen
wie der Himmel uns
zusammengeführt hat

»Mein Geliebter gehört mir und ich ihm!« (2,16)

In meinen einsamen Nächten
bewohnt mich ein Herzenswunsch
berührt zu werden
gehalten zu sein

In meiner Dünnhäutigkeit
wird eine Sehnsucht wach
endlich meine Zerbrechlichkeit
zumuten zu können

Wie lange schon
suche ich dich
lasse mich von dir finden

Dann bist du wieder fort
unerreichbar fern-nah
immer schon da und weit weg

»Auf meinem Bett in den Nächten suchte ich den,
den ich liebte wie mein Leben.
Ich suchte ihn und fand ihn nicht.« (3,1)

Nur ein Kuss
auf meine Wange
lässt mich ein innerstes
Berührtsein erfahren
das mehr ist als alles

Nur ein Blick
im Vorbeigehen
lässt mich Ansehen erfahren
das vom zärtlich-heilsamen
Segen erzählt

Schön bist du
kostbar
einmalig
unbegreiflich

»Schön bist du ganz und gar meine Freundin.« (4,7)

Hellwach
ruhend in mir
tief eingebunden
im Urgrund der Liebe
der durch unsere Berührungen
hautnah spürbar wird

Aufgebrochen
unsere Verunsicherung
aufgeweicht
unsere Entfremdung

Eine neue Lebendigkeit
bewohnt uns
weckt unsere Motivation
Mitgefühl zu entfalten
für Mensch und Tier

Eine neue Hoffnung
bricht auf
genießen zu können
tatkräftig zu handeln
beides ergänzt sich

Unsere Liebe
legt Kräfte frei
die uns und anderen
zutiefst guttun

»Ich schlief, doch mein Herz war wach.
Ich breche auf, mein Leben bricht auf.« (5,2.6)

Durchgeschüttelt
mein abgesicherter Lebensplan
Altes trägt nicht mehr
Neues ist nicht in Sicht

Unsere Liebe
bringt uns durcheinander
fördert eine Entschiedenheit
die uns geradestehen lässt

Fassungslos
lassen wir uns Zeit
beharrliche Geduld
lehrt uns zu handeln
und geschehen zu lassen

»Wende deine Augen ab von mir dir gegenüber,
sie machen mich fassungslos.« (6,5)

Zärtliche Geborgenheit
durchfließt mich
beim Küssen deines Nabels
der von deiner Geburt erzählt
vom alltäglichen Geborenwerden
unserer Liebe

Mein Verweilen
auf deinem Bauch
lässt mich ein Aufgehobensein erfahren
das viele Zweifel aufhebt
lässt mich zu meiner Mitte finden
die über uns hinausweist

Prickelnd
köstlich
verzückt
lustvoll
zärtlich
wild
bewegt uns Eros
himmelwärts

»Dein Nabel ist eine runde Schale,
der es an Wein nicht mangelt.« (7,3)

Ganz unerwartet
breitet sich in mir
ein Schmerz aus
der von der Zerbrechlichkeit
unserer Liebe gefüllt ist
weil wir endliche Wesen sind
die sterben werden

Dann bitte ich dich
dein Ohr auf mein Herz zu legen
damit wir miteinander unserer
inneren Herzensstimme lauschen können
die uns erinnert
dass unsere Liebe so stark
wie der Tod ist

Ein tiefer körperlich-seelischer Schmerz
wird der Tod auslösen
endlose Nächte
schreiendes Umherirren

Die Stärke unserer Liebe
wird über den Tod hinaus
jene Erinnerung frei küssen
die Dankbarkeit schenkt
weil das Gemeinsame ewig bleibt

Lass uns noch mehr
jeden Tag neu
unsere Liebe
als himmlisches Geschenk
auskosten

Lass uns leise erahnen
dass die Liebe
manchmal stärker ist
als der Tod

»Leg mich wie ein Siegel an dein Herz,
wie ein Siegel an deinen Arm.
Denn stark wie der Tod ist die Liebe.« (8,6)

Weiterführende Angaben

1

Walter Schubart, Religion und Eros. Hrsg. von Friedrich Seifert. Verlag C.H. Beck, München 1989, 7.

2

Theresia Heimerl, Der vergiftete Eros. In: Eros und Religion. Erkenntnisse aus dem Reich der Sinne. Film und Theologie 8. Charles Martig/Leo Karrer (Hrsg.), Schüren Verlag, Marburg 2007, 44.

3

Erich Fromm, Die Kunst des Liebens. Ullstein Verlag, Berlin 2003, 74.

4

Zit. nach Maria Jepsen, Das Hohelied der Liebe. In: Ein einziger Blick deiner Augen. Das Hohelied der Liebe. Bilder von Hans-Günther Kaufmann. Texte von Schalom Ben-Chorin, Maria Jepsen, Michael Langer. Tyrolia, Innsbruck-Wien 1996, 97. Vgl. auch Gioconda Belli, Wenn du mich lieben willst. Gedichte. Deutscher Taschenbuch Verlag, München 2000.

5

Wolfgang Bartholomäus, Glut der Begierde. Sprache der Liebe. Unterwegs zur ganzen Sexualität. Kösel-Verlag, München 1987, 210.

6

Peter Schellenbaum, Ja aus Liebe. Hingabe, die Grenzen sprengt. Kösel-Verlag, München 2004, 43.

7

Vgl. Stephan Leimgruber, Christliche Sexualpädagogik. Eine emanzipatorische Neuorientierung für Schule, Jugendarbeit und Beratung. Kösel-Verlag, München 2011, 100ff.

8

Ruth C. Cohn, Von der Psychoanalyse zur themenzentrierten Interaktion. Verlagsgemeinschaft Ernst Klett – J.G. Cotta'sche, Stuttgart 1983, 32.

9

Thomas Seiterich, Die Lust am Geheimnis des eigenen Körpers. Selbstbefriedigung – warum denn nicht? In: Nackter als nackt komm' ich zu Dir. Publik-Forum Extra, Oberursel 1989, 12, www.publik-forum.de.

10

Erich Fromm, a.a.O., 53.

11

Dorothee Sölle, lieben und arbeiten. Eine Theologie der Schöpfung. Kreuz Verlag, Stuttgart 1985, 154.

12

Rainer Maria Rilke, Briefe an einen jungen Dichter. Insel Verlag, Frankfurt am Main und Leipzig 1992, 17.

13

Michael Ende, Momo. Thienemann Verlag, Stuttgart 1973, 72.

14
Vgl. Lorenz Marti, Eine Hand voll
Sternenstaub. Was das Univer-
sum über das Glück des Daseins
erzählt. Kreuz Verlag, Freiburg im
Breisgau 2012, 139–141.

15
Ernesto Cardenal, Das Buch von
der Liebe. Peter Hammer Verlag,
Wuppertal 2004, 29–30.

16
Sam Keen, Das Feuer im Herzen
entfachen. Die Kraft der Spiritualität. Kreuz Verlag, Freiburg im
Breisgau 2011, 73.

17
Max Frisch, Tagebuch 1946–1949.
Suhrkamp Verlag, Frankfurt am
Main 1985, 27.

18
Martin Heidegger, Der Feldweg.
Vittorio Klostermann, Frankfurt
am Main 2006, 7.

19
Vgl. Bibel in gerechter Sprache.
Gütersloher Verlagshaus,
Gütersloh 2006, 1302.

20
Schalom Ben-Chorin, Erotik und
Sexualität im Judentum. In: Ein
einziger Blick deiner Augen. Das
Hohelied der Liebe, a.a.O., 80.

21
Vgl. Pierre Stutz, Die erotisch-spi-
rituelle Kraft der Liebe. In: Armin
Beuscher (Hrsg.), Mit Liebe, Lust
und Leidenschaft. Neue Ansätze
für sinnliche Gottesdienstformen.

Gütersloher Verlagshaus,
Gütersloh 2009, 12–22.

22
Othmar Keel, Das Hohelied.
Zürcher Bibelkommentare.
Theologischer Verlag, Zürich 1986,
29.43. Vgl. auch: Le Cantique des
Cantiques traduit de l'hébreu et
commenté par Ernest Renan.
Diffusion Seuil, arléa, Paris 2004.

23
Martin M. Lintner, Den Eros
entgiften. Plädoyer für eine
tragfähige Sexualmoral und
Beziehungsethik. Verlag A. Weger,
Brixen/Tyrolia-Verlag, Innsbruck
2011, 37.

24
Pinchas Lapide, Das Hohelied der
Liebe. Mit Holzschnitten von HAP
Grieshaber. Kösel-Verlag,
München 1993, 36.

25
Judith Plaskow, Und wieder
stehen wir am Sinai. Eine
jüdisch-feministische Theologie.
Edition Exodus, Luzern 1992, 233.

26
Maria Jepsen, a.a.O., 98.

27
Vgl. Das Hohelied der Liebe.
Weibliche Sexualität in den
Weltreligionen. Hrsg. von
Sung-Hee Lee-Linke, Neukirch-
ner-Verlag, Neukirchen-Vluyn
1998.

28
Herbert Haag/Katharina Elliger,
Stört nicht die Liebe. Die Diskri-

minierung der Sexualität – ein
Verrat an der Bibel. Walter-Verlag,
Olten und Freiburg im Breisgau
1986, 89.

29
Helmut Gollwitzer, Das hohe Lied
der Liebe. Chr. Kaiser Verlag,
München 1991, 25.

30
Ylva Eggehorn, Wo die Löwen
wohnen. Männer in der Bibel. 14
Porträts. Verlag Herder, Freiburg
im Breisgau 2009, 94–95.

31
Marc Chagall/Klaus Mayer, Wie
schön ist deine Liebe. Bilder zum
Hohenlied im Nationalmuseum
der Biblischen Botschaft Marc
Chagall in Nizza. Echter Verlag,
Würzburg 1984, 10.22.

32
Dorothee Sölle, lieben und
arbeiten, a.a.O., 178.

33
Vgl. Bernhard McGinn, Die Mystik
im Abendland, Band 3: Blüte,
Verlag Herder, Freiburg i.Br. 1999,
303–316.

34
Peter Schellenbaum, Das Nein in
der Liebe. Abgrenzung und
Hingabe in der erotischen
Beziehung. Deutscher Taschen-
buch Verlag, München 1997, 8.

35
Ebd., 101.

36
Peter Schellenbaum, Ja aus Liebe,
a.a.O., 55

37
Vgl. Martin Buber, Ich und Du.
Verlag Lampert Schneider,
Heidelberg 1983.

38
Peter Schellenbaum, Ja aus Liebe,
a.a.O., 174.

39
Vgl. Wunibald Müller, Verschwie-
gene Wunden. Sexuellen
Missbrauch in der katholischen
Kirche erkennen und verhindern.
Mit einem Vorwort von Anselm
Grün. Kösel-Verlag, München
2011.

40
Johannes Thiele, Die Erotik
Gottes. Menschen werden wir nur
als Liebende. Kreuz Verlag,
Stuttgart 1988, 39.

41
Zit. nach Henning Luther, Der
falsche Traum von der Verschmel-
zung. In: Liebe – so rätselhaft und
unbezwingbar. Publik-Forum
Extra, Oberursel 1990, 7.

42
Rainer Maria Rilke, Werke in drei
Bänden, Band 1, Gedicht-Zyklen.
Buchclub Ex Libris, Zürich 1966,
410.

43
Zit. nach Henning Luther,
a.a.O., 7.

44
Elke Pahud de Mortanges,
Unheilige Paare? Liebesgeschich-
ten, die keine sein durften.
Kösel-Verlag, München 2011, 255.

45
Wunibald Müller, Küssen ist
beten. Sexualität als Quelle der
Spiritualität. Matthias-Grünewald-Verlag, Mainz 2003, 69–70.
Erscheint als erweiterte Neuauf-
lage: Vom Kusse seines Mundes
trunken. Sexualität als Quelle der
Spiritualität. Topos Plus, Kevelaer
2012.

46
Teresa von Avila, Gedanken zum
Hohelied, Gedichte und kleinere
Schriften. Vollständige Neuüber-
tragung. Gesammelte Werke Band
3. Hrsg. von Ulrich Dobhan/
Elisabeth Peters. Verlag Herder,
Freiburg im Breisgau 2004, 65.

47
Brigitte Dorst, Verzehrende
Sehnsucht nach Verbundenheit.
Die erotische Sehnsucht der
Mystikerinnen. In: Vom Zauber
der Sinne. Urkraft Eros. Publik-Fo-
rum Extra, Oberursel 1994, 30.

48
Zit. nach Annemarie Schimmel,
Mystische Dimension des Islams.
Die Geschichte des Sufismus.
Insel Verlag, Frankfurt am Main
1995, 159.

49
Karoline Bischof, Lust ist
übertragbar. In: Alles über Sex.
Männerzeitung, CH-3400 Burgdorf
Nr. 43, 1. September 2011, 14,
www.maennerzeitung.ch.

50
Christoph Walser, Guter Sex
beginnt in Dir. Inspirationen für
eine erfüllte männliche Sexualität. In: Alles über Sex. Männerzeitung, ebd. 17, www.timeout-statt-
burnout.ch.

51
Wolf Schneider, Was ist Tantra?
In: Lebenskunst – Weisheit – Hei-
lung. Der Weg fürs Wesentliche.
Zeitschrift Connection spezial 51,
VI/00, Dezember-Januar 2001, 3,
www.connection.de.

52
Margot Anand, Tantra oder die
Kunst der sexuellen Ekstase.
Mosaik bei Goldmann, Wilhelm
Goldmann Verlag, München 1995,
35.

53
Willigis Jäger, Über die Liebe.
Hrsg. von Ursula Richard/Christa
Spannbauer. Mit Aquarellen von
Petra Wagner. Kösel-Verlag,
München 2009, 85–86.

54
Margot Anand, a.a.O., 46.

55
Ebd., 34.

56
www.gay-tantra.de

57
Vanamali Gunturu, Heiliger Sex.
Die erotische Welt des Hinduismus. Diederichs Verlag, München
2009, 61.

58
Zit. nach Birgit Schönberger,
»Vergesst das Vorspiel nicht«.
Kamasutra und Tantra. In: Klaus
Hofmeister/Lothar Bauerochse
(Hrsg.), Himmlische Lust. Religion

und Sexualität – eine spannungsreiche Beziehung. Hr2Kultur.
Claudius Verlag, München 2011,
98.

59
John O'Donohue, Anam Cara. Das
Buch der keltischen Weisheit.
Deutscher Tjaschenbuch Verlag,
München 2002, 67.

60
Willy Rordorf, Glaube und Liebe.
Eros und Liebe. Zwei Essays.
Erschienen im Eigenverlag
CH-2034 Peseux 2003, 51.

61
Richard Rohr, Pure Präsenz.
Sehen lernen wie die Mystiker.
Claudius Verlag, München 2010,
119.

62
www.wir-sind-kirche.de

63
Peter Mattmann, Coming In.
Spiritualität für Schwule und
Lesben. Mit einem Vorwort von
Richard Rohr. Kösel-Verlag,
München 2002. Vgl. auch Martin
Raffael Siems, Liebe Lust Ekstase.
Das spirituell-erotische Körper-
programm für Schwule. Bruno
Gmünder Verlag, Berlin 1995.

64
Peter Bürger, Das Lied der Liebe
kennt viele Melodien. Eine
befreite Sicht der homosexuellen
Liebe. Publik-Forum Verlagsge-
sellschaft, Oberursel 2001.

65
Regina Ammicht-Quinn im
Gespräch mit Dieter Kassel. In:
Deutschlandradio Kultur,
05.10.2011.

66
Gratis erhältlich bei: SKF-Zentral-
sekretariat, Postfach 7854,
CH-6000 Luzern 7. Bitte adressier-
ten und frankierten C4-Umschlag
beilegen.

67
Diakonia, Herder 5/2006

68
Wunibald Müller, Größer als alles
aber ist die Liebe. Für einen
ganzheitlichen Blick auf Homosexualität. Matthias-Grünewald-
Verlag, Ostfildern 2009, 94.

69
Vgl. www.netzwerk-katholischer-
lesben.de

70
Vgl. www.huk.org

71
Vgl. www.adamim.ch

72
Pierre Teilhard de Chardin, Briefe
an Frauen. Hrsg. von Günther
Schiwy. Verlag Herder, Freiburg im
Breisgau 1998, 13.

73
Doris Christinger/Peter A.
Schröter, Vom Nehmen und
Genommen werden. Für eine
neue Beziehungserotik. Piper
Verlag, München 2009, 265.

74
Als YouTube-Videoaufnahme zu sehen unter »Aktuelles« auf meiner Homepage: www.pierrestutz.ch

75
Mystik. Die Sehnsucht nach dem Absoluten. Hrsg. von Albert Lutz. Verlag Scheidegger & Spiess, Zürich 2011, 131.

76
Johannes Röser, Das heilige Experiment: Ehe. In: Christ in der Gegenwart, Verlag Herder, Nr. 6/2011, 55ff.

77
Elisabeth Moltmann-Wendel/ Jürgen Moltmann, Leidenschaft für Gott. Worauf es uns ankommt. Verlag Herder, Freiburg im Breisgau 2006, 24.

78
Elisabeth Moltmann-Wendel, »Wir sind ein Schöpfungsgedanke«. In: Publik-Forum Nr. 14, 29. Juli 2011, Oberursel, 47–48. Vgl. auch Freya von Moltke/Helmuth James von Moltke, Abschiedsbriefe. Gefängnis Tegel September 1944 – Januar 1945. C.H. Beck-Verlag, München 2010.

79
Doris Christinger/Peter A. Schröter, a.a.O., 98–99.

80
Ebd., 15.

81
Ebd., 220–221.

82
Ingeborg Steiner, So spricht die Seele durch die Füße. Verlag Peter Erd, München 1996, 75.

83
Christoph Quarch, Die Erotik des Betens. Eine mystische Gebetsschule mit Mechthild von Magdeburg und Rumi. Kösel-Verlag, München 2007, 29.

84
Christoph Quarch, hin & weg. Verliebe dich ins Leben. J. Kamphausen Verlag, Bielefeld 2011, 179.

85
Hildegard von Bingen. Zeugnisse mystischer Welterfahrung. Hrsg. von Heinrich Schipperges. Walter Verlag, Olten 1983, 151–152.

86
Silvia Schroer/Thomas Staubli, Die Körpersymbolik der Bibel. Wissenschaftliche Buchgesellschaft, Darmstadt 1998, 43.

87
Wunibald Müller, Ekstase. Sexualität und Spiritualität. Matthias-Grünewald-Verlag, Mainz 1992, 36.120.

88
Bernhard von Clairvaux. Zeugnisse mystischer Welterfahrung. Hrsg. von Bernardin Schellenberger. Walter Verlag, Olten 1982, 231.

89
Teresa von Avila, Gedanken zum Hohenlied, a.a.O., 99.

90

Johannes vom Kreuz, Der geistliche Gesang. Vollständige Neuübertragung. Verlag Herder, Freiburg im Breisgau 1997, 105.

91

verfilmt von Steven Spielberg unter dem Titel »The Color Purple«.

92

Dorothee Sölle, lieben und arbeiten, a.a.O., 181.

93

Das bekannte Stück »Air« von Johann Sebastian Bach ist auf vielen Sammel-CDs zu finden.

94

Klaus Hofmeister/Lothar Bauerochse (Hrsg.), Himmlische Lust. Religion und Sexualität – eine spannungsreiche Beziehung. Hr2Kultur. Claudius Verlag, München 2011, 174.

95

Hartmut Meesmann, Ich schlafe mit Dir. Sexualität als Sprache der Liebe. In: Publik-Forum-Extra »Nackter als nackt komm' ich zu Dir«, a.a.O., 7. Vgl. auch Publik-Forum-Extra »Wenn du mich berührst, werde ich schön. Spiritualität und Sexualität«, 1/2006, Oberursel.

96

Anselm Grün/Gerhard Riedl, Mystik und Eros. Vier-Türme-Verlag, Münsterschwarzach 1993, 66.

97

Zit. nach Bernhard McGinn, Die Mystik im Abendland. Band 1: Ursprünge. Verlag Herder, Freiburg im Breisgau 1994, 179–180.

98

Bernardin Schellenberger, Lieber Hausmann als Kirchenmann. Patmos Verlag, Düsseldorf 1994, 140.141.

99

www.stmartin-muenchen.de

100

Andreas Ebert, Die Spiritualität des Enneagramms. Claudius Verlag, München 2008, 253.330.

101

Fulbert Steffensky, Ein leidenschaftlicher Gott. Christentum als Liebesreligion. In: Klaus Hofmeister/Lothar Bauerochse (Hrsg.), Himmlische Lust, a.a.O., 15.17.

102

Otto Betz, Das große Jawort der Liebe. In: Christ in der Gegenwart, Verlag Herder, Freiburg im Breisgau 7/2012, 77. Vgl. auch: Otto Betz, Der Leib der Sinnlichkeit. In: Christ in der Gegenwart, Verlag Herder, Freiburg im Breisgau 8/2012.

103

Vgl. auch Brief an die Gemeinde in Ephesus 3,17–18.

104

www.yogakeel.ch

105
Als CD erhältlich: Bewegt zur Hoffnung. Pierre Stutz liest Meditationen zu Liedern des Ensemble Entzücklika. Erhältlich bei: Ensemble Entzücklika, Klosteranlage 4, D-89611 Obermarchtal: www.entzuecklika.de.

106
Kurt Marti, Theologie der Zärtlichkeit? In: Almanach 10 für Literatur und Theologie. Hrsg. von Adam Weyer, Wuppertal 1976, 23–25.

107
Schwester Miriam. In: Die tägliche Erfindung der Zärtlichkeit. Gebete und Poesie von Frauen aus aller Welt. Hrsg. von Sybille Fritsch/Bärbel von Wartenberg-Potter, GTB Siebenstern, Gütersloher Verlagshaus Gerd Mohn, Gütersloh 1986, 25.

108
Richard Reschika, Theologie der Zärtlichkeit. Von der Liebe Gottes. Vier-Türme-Verlag, Münsterschwarzach 2009, 51.

109
Kurt Marti, Lachen-Weinen-Lieben. Ermutigungen zum Leben. Radius-Verlag, Stuttgart 1985, 116.118.

110
Ina Praetorius, Gott dazwischen. Eine unfertige Theologie. Matthias-Grünewald-Verlag, Ostfildern 2008, 99.

111
Joachim Friebe, Gottes/Bild/Bearbeitung. Wir Christen, der Herrgott und Ich-bin-da. Erzählung und Kommentar. Edition Octopus, Verlagshaus Monsenstein und Vannerdat, Münster 2009, 113.

112
Vgl. Liebe im Alter. Publik-Forum-Extra 1/2012, Oberursel.

113
Georg Schützler, Liebe grünt in grauen Zeiten. Über die Kunst, als Paar zu leben – am Beispiel von »Philemon und Baucis«. Radius-Verlag, Stuttgart 2010.

114
Ebd.

115
Eugen Drewermann, Zeiten der Liebe. Hrsg. von Karin Walter. Verlag Herder, Freiburg im Breisgau 1994, 179.

116
Hans Jellouschek, Liebe auf Dauer. Was Partnerschaft lebendig hält. Verlag Herder, Freiburg im Breisgau 2009, 64.

117
Geschrieben für Heiko und Marius, zur spirituellen Feier ihrer eingetragenen Partnerschaft.

118
Booklet zur CD »Das Hohelied Salomos« (2005) von »Popol Vuh«. Distributed by SPV D-30351 Hannover: 085-70162 CD.

119
Vgl. auch mein Buch zu einem
meditativen Bibellesen: Pierre
Stutz, In der Weite des Himmels.
Ein meditativer Gang durch die
Bibel. Verlag Herder, Freiburg im
Breisgau 2011.

Quellenverzeichnis

Alle Bibelzitate: Bibel in gerechter Sprache © by Gütersloher Verlagshaus, Gütersloh, in der Verlagsgruppe Random House GmbH, München.

Mystik und Spiritualität

Pierre Stutz
MEIN LEBEN KREIST UM
DICH
Mit den Psalmen die eigene
Mitte finden
ISBN 978-3-466-36865-5

Die Psalmenaktualisierungen
von Pierre Stutz in
einer wunderschönen,
erweiterten Ausgabe – mit
Meditationsbildern von
Christian Kondler. Pierre Stutz
zeigt, wie Beten zu einem
inneren Dialog wird, in dem
wir Gott nicht außerhalb von
uns suchen, sondern ihn als
innerste Mitte erfahren. Die
Psalmen, geordnet nach zwölf
mystischen Grundhaltungen,
weisen den Weg zur eigenen
Mitte.

Pierre Stutz
VERWUNDET BIN ICH UND
AUFGEHOBEN
Für eine Spiritualität der
Unvollkommenheit
ISBN 978-3-466-36623-1

Vielen spirituellen und thera-
peutischen Ratschlägen liegt
ein letztendlich überforderndes
Perfektionsideal zugrunde: noch
ganzheitlicher, noch erleuchteter,
noch versöhnter ... sollen wir
werden. Pierre Stutz sieht das
anders: Wer menschlich bleibt,
bleibt unvollkommen, macht
Fehler, kennt Zerrissenheit und
Verwundungen. Es ermutigt
mit vielen konkreten Impulsen
authentisch zu bleiben – gerade
angesichts dunkler und schwieriger Erfahrungen. Persönlich
gehaltene Meditationstexte des
Autors inspirieren Leserinnen
und Leser, ihre eigenen Lebenserfahrungen auszusprechen.

www.koesel.de Sachbücher & Ratgeber

KÖSEL

Mystisches Leben heute

Pierre Stutz
GEBORGEN UND FREI
Mystik als Lebensstil
ISBN 978-3-466-36807-5

Pierre Stutz
GEBORGEN UND FREI
Impulse für einen mystischen Lebensstil
Audio-CD, Laufzeit: 70 Minuten
ISBN 978-3-466-45825-7

12 Mal bringt es Pierre Stutz auf den Punkt: Was macht den Lebensstil eines mystischen Christen heute aus? Dazu schöpft er aus den Biografien 60 wichtiger Mystikerinnen und Mystiker ebenso wie aus eindrucksvollen Szenen zeitgenössischer Kinofilme. Lebensnah und höchst inspirierend.
Die Übungs-CD begleitet und ergänzt das Buch »Geborgen und frei. Mystik als Lebensstil«.

KÖSEL